名古屋はヤバイ

矢野新一

JN152411

ワニブックス
|PLUS|新書

はじめに

名前を出すと、みんなが「知ってる！」と同意してくれるぐらいの有名人。けれども、そのあとに「だけど、あの人、よくわからないんだよねー」という言葉がつづいて、それも「わかるー！」と同意されてしまう。

名古屋という存在を人にたとえると、そんな感じなのかもしれません。知名度は高いのに謎多き大都市、名古屋。そうしたイメージを象徴するようなデータがあります。

2016年に名古屋市観光文化交流局が、札幌市、東京23区、横浜市、名古屋市、京都市、大阪市、神戸市、福岡市の住民に対して行った『都市ブランド・イメージ調査』で、名古屋は「最も魅力に欠ける都市」「買い物や遊びに行きたくない街」第1位に選ばれてしまいました。

果たして名古屋は、そこまで魅力のない街なのでしょうか？

見るべきものがない？　いえいえ、熱田神宮は伊勢神宮に次ぐ社格を持っていた神社ですし（意外と知られていませんが）、名古屋城は、熊本城、姫路城と並ぶ日本三大名城のひとつなのです。遊びのスポットも、東京や大阪にあるような有名テーマパークはなくても、２０１７年４月には日本初進出のレゴランドがオープンします。

そもそも、名古屋は東名阪の真ん中に位置しています。東京にも大阪にも行きやすく、芸能界では大物タレントがよく来るといわれています。それにもかかわらず、アンケート調査では、名古屋は不名誉な記録を残してしまいました。これについて、地元の放送局・名古屋テレビ（メ～テレ）が名古屋の住民にアンケート調査を実施したところ、「しかたがない」と答えた方が最も多かったそうです。

私にも電話取材がありました。お話をしたのは以下のとおりです。

「名古屋の人は一言でいうと、昔の日本人みたいなところがあり、全国からどう見られるかというより、ご近所がうちのことをどう見ているかを気にしている。今回の行きたくない街についても、東京や大阪には勝てないという意識があったこと。また工業都市の名古屋は機械相手の仕事をしているため、人付き合いが苦手なので、ホスピタリティはイマイチ。だから、『しかたがない』ということになるのでは」と。

特に、名古屋は世界に冠たるトヨタもあって潤っているので、観光客なんかが来なくても、という人が多いです。しかし、今は、そんな時代ではありません。ニューヨークでもパリでも観光客招致に力を入れているのです。

東京が昔から元気な理由として、観光消費額が大きいことも無視できません。２０１５年、東京の観光消費額は５兆９６１５億円、そのうち都内在住者は１兆８２３０億円、都外の国内在住者が３兆２３５億円、外国在住者が１兆１１５０億円なのです。そう、都外の国内在住者、観光客やビジネス客の消費額が最も多いのです。

日本国内全体の観光消費額が約23兆８８００億円ですから、その内の４分の１を東京が占めていることになります。

こうして数字だけを見れば、たしかに差はありますが、それでも「名古屋」という街の存在感は負けているとは思いません。なんだかんだいっても、みんな名古屋は気になる街なのです。ただ、その理由が解明しきれていないのです。

私はマーケティングコンサルタントとして40年間、全国各地の大手企業や地元の企業と一緒に仕事をしてきました。その中でも名古屋は最も多くお邪魔した地域ですが、まだまだ理解していなかったのだと、今回あらためて感じました（男女関係みたいなものですね）。

その上で色々調べていくうちにショックというか、嬉しかったことがいくつかあります。ひとつは名古屋に関わりの深い徳川家康です。

家康は天ぷらを食べすぎて亡くなったとばかり思っていたら、それは間違いでした。そして、家康は倹約家だったという史実。これは、天ぷらを食べない→質素な生活を好む倹約家、と筋が通ります。尾張藩が「勤倹貯蓄」を奨励していたため、名古屋の人はお金にシビアになったと思っていたら、それ以前に家康が節約していたのですから、本当にビックリしました。

また、今回、初めて名古屋の市役所を訪れたところ、頂部に瓦飾りのついた古い洋館風の建物にも驚かされました。これについては、後ほどお話しします。

この40年で、名古屋には会社の社員研修やコンサル、さらにはセミナーの講師、最近ではメ～テレでの収録など、名古屋には60回以上は来ていると思います。デンソーやトヨタ、東海銀行（現三菱東京ＵＦＪ銀行）の仕事もしましたし、女優の武井咲《えみ》さんの写真集にコメントを寄せたこともあります。

県民性の本も21冊（デジタル本を含めると67冊）ほど書いてきましたが、地域というのは人間みたいなところがあって、良いところもあれば、悪いところもあるのです。

この本では、なぜ名古屋はみんなの気になる存在なのに人気がないのか？　その秘密を「名古屋人の一生」「名古屋あるある」に加えて、「名古屋の知られざるすごさ」や、より魅力的な都市を目指すための「名古屋の秘策」などから考察しました。その中には、地元名古屋の方も知らなかった話もあると思います。

アメリカでは州ランキングが盛んですが、トップになった州はもちろん、最下位になった州も盛り上がります。最下位だからこれ以上落ちようがないのと、中途半端な順位よりは最下位の方がアピールできるからだそうです。

この一冊の本を通して、愛すべき名古屋の名誉挽回をしようではありませんか。

目次

第4章 それでも実はすごい名古屋

第5章 世界の名古屋として羽ばたくために

第1章 名古屋（人）はなぜ嫌われるのか？

クセのある名古屋人気質

①お金を出すことがとにかく嫌い

名古屋の人は老若男女問わず、とにかく堅実。おだてにも乗らないし、お金にもシビア。ギャンブルをやってもほどほどで、ひたすら貯蓄を愛する生活堅実派です。

こんな笑い話があります。「東京と大阪と名古屋の男性が一緒に食事をしました。食事が終わって席を立つ時、東京の男性は3人分をいかにカッコよく支払おうかと思って席を立ち、大阪の男性はいかにワリカンにしようかと思って席を立ち、名古屋の男性はどうお礼を言おうかと思って席を立つ」。

また、若い転勤族はこう言います。「東京や大阪の女性はデートして食事代を男性が払うと、なんらかの見返りがあるのに、名古屋では見返りがないのです」と。

さらに東京、名古屋、大阪の違いについて「東京の人は高くてもいいモノを買い、大阪の人は安くていいモノを買う。そして、名古屋の人は悪くても安いモノを買う」ともいわれます。

名古屋人の食に対するこだわりを表す言葉に「一安二量三味《いちやすにかささんあじ》」というものがあります。これは、名古屋では、とにかく安いことが一番重要で、次に量が多いことが大事。味は、その次という意味。

昔から、株の保有率が低いのは企業を信用しない(潰れることがあるかもしれないと思っている)からですし、競馬の買い方は本命から穴まで幅広く、リスクを分散するのが名古屋人なのです(もともと名古屋人はギャンブル好きではありませんが……)。

少し古いところでは1977年当時、電卓保有率の1位は佐賀、2位滋賀、3位奈良、4位は愛知でした。いずれもお金にシビアな地域として知られます。当時の電卓は高額だったのですが、間違いが少ないからと購入したようです。

工場の火災保険料も、お金がもったいないから、みんなで手分けして夜に巡回し、保険料に充てるはずだったお金で新しい工場を建てたりします。家も地所、目一杯建てる人が多いようです。困っているのは、お寺さん。お布施の金額が昔から変わらないので大変ですと言われます。

名古屋の人は東京に行く時は新幹線ですが、大阪に行く時は近鉄の特急を使う人が多いようです。新幹線だと大阪まで50分で5830円。近鉄特急は2時間12分かかりますが、4260円で行けるからなのです。

また、名古屋では「お買い得」ではなく「お値打ち」といいます。先ほどの東京・名古屋・大阪の違いのくだりとは矛盾するようですが、安いだけではなく価値があるなどの割安感を重視する一面もあるのです。安物買いの銭失いはしたくないから、買い物には慎重です。

高額商品などの場合は、ネットで評判をチェックし、お店に行ってパンフレットをもらいつつ探りを入れ、友人知人に聞いたり、時には家族会議を開いたりというのも名古屋では当たり前。とにかくお金を出すことにはとんでもなくシビアになるのです。大阪もお金には細かいところですが、名古屋は「お金にうるさいところ」と言っていいかもしれません。

お金にシビアぐらいならともかく、度が過ぎてしまうと付き合うのは大変です。どうして名古屋の人は、こんなふうになってしまったのでしょうか?

どうやら元凶は、尾張国（名古屋を含む愛知県西部）を治めた尾張藩にあるようです。実質100万石といわれた尾張藩は、初代藩主であった徳川義直の晩年の頃には、もう財政難という状態になっていたといいます。

そこで、庶民に対しても勤倹貯蓄を奨励したことと、明治政府が徳川御三家の尾張藩を冷遇したことが、名古屋人気質の原因となったのでしょう。そんな名古屋ですが、世界に3台しかないクルマを持っている人がいるなど、とてつもないお金持ちがいるのも特徴です。

②ダサくてケバイ、名古屋のおしゃれ

名古屋は、見栄っぱりの割にダサいとよく言われてしまいます。

「そんなことはない。名古屋嬢の名古屋巻きがあるだろう」と反論されるかもしれません。名古屋巻きとは、ゆったりとした縦巻きカールのかかったロングヘアのこと。一時

は爆発的に流行し、今でも目にすることがあります。

見た目は軽やかですが、実はこのヘアスタイルは維持をするのが大変で、毎日手間がかかる上、美容費が月5万ぐらいかかるといわれています。ということは、普通の女性では経済的に大変。お金持ちセレブ女性のステイタスでもあったわけです。

「名古屋嬢」も同じで、本物の名古屋嬢とは、「セレブのお嬢様」のことを指します。ブランドモノで着飾り、美容院やエステに通って自分磨きを欠かしません。もちろん、彼女たちは当然ダサかろうはずはありません。ただ、そんな姿に憧れた一般人が、お金をかけて目立ちさえすればいいという考えでマネした結果、トータルバランスが悪くなってしまい、「名古屋のおしゃれはケバイ」状況を生むことになってしまうのです。

また、名古屋人がダサくなってしまったもうひとつの原因として、名古屋にはよそものがあまり入ってこないため、他地域のおしゃれ文化に染まらなかったから、というものが挙げられます。

さらに、名駅《めいえき》（名古屋駅）を中心に高層ビルが増えているにもかかわらず、誰もが認めるようなおしゃれエリアがないことも影響しているのかもしれません。名古屋はルイ・ヴィトンの売れ行きが日本一といわれているようですが、大阪以上に、大きなブランドロゴ付きのバッグを持っていることも、ダサいと言われる遠因のように思われます。

もうひとつ、一般的に大都市では、深夜にコンビニに行くのにも、それなりの格好で行かなければなりません。しかし、名古屋では中国の上海《シャンハイ》のパジャマ姿ほどではないですが、どうみてもパジャマにしか見えない格好で来る人が少なくありません。ジャージやスエットなら立派な外出着だという名古屋人もいます。

これは、人によっては見るに耐えない名古屋ファッションになってしまうのでしょう。

ちなみに、上海市民にとってのパジャマとは、かつて一部の特権階級だけが着ることができた高級ファッション。これが庶民にも普及したのは1970年代です。流行に敏感でおしゃれ好きな上海人はこぞって外に出て、「パジャマが着られる自分」を見せびらかしたといわれています。

そもそも名古屋は工業都市として発展し、機械相手に仕事をしている人が多かったため、おしゃれな交友関係を楽しむという文化もあまりありませんでした。ファッションの優先順位が低いことも影響しているかもしれません。

③名古屋めしはパクリだらけ⁉

名古屋めしは、ほとんどがパクリという説があります。「天むす」と「とんてき」は三重県発祥で、「鶏《けい》ちゃん」は岐阜県。「モーニング」（娘ではありません）は名古屋ではなく、一宮や豊橋発祥だとか。岐阜の人に言わせると、うちが発祥の地という人もいます。味噌カツも三重県津市発祥で、元祖のお店も現存しています。ひつまぶしは大阪発祥説もありますが、かつて養鰻《ようまん》が盛んだった津市が発祥だという説が有力で、いずれにしても愛知が発祥ではありません。

岐阜県中部の家庭料理「鶏ちゃん」は、鶏のモモ肉と生キャベツを秘伝のタレなどで炒めた料理です。この「鶏ちゃん」を出す店は、当然、岐阜県が多いのですが、愛知県内でも増えているようで、あるテレビ番組が取材した愛知県のお店では、赤味噌と絡めた鶏ちゃんを堂々と「名古屋めし」として提供していました。

また、三重県四日市のソウルフードの「とんてき」は、分厚い豚肉をニンニクと一緒に濃いめのタレでソテーし、キャベツの千切りを添えた料理ですが、店舗数で名古屋に抜かれてしまいました。

このパクリ問題については、名古屋人の反論が面白いです。「天むすの発祥地が三重県だって、みんな知らないわけでしょ? 広めてあげたと言うと恩着せがましいけど、いいものは広めていこうという意識がある」。

実は、この言い方に独特の名古屋人気質が見え隠れしているように思うのです。素直に謝るのではなく、逆に正当化。しかも、聞いていると「そう言われればそうかも」と思ってしまうから不思議です。それでも突っ込まれた時は「でも、名古屋の天むすはエビが大きい」とか「でも、名古屋は○○も入っていますよ」と返されることも。やはり名古屋人は手強《てごわ》いのです。

ほかにも有名な手羽先の唐揚げといえば、全国的には『世界の山ちゃん』を思い浮かべる人が多いと思います。ですが、実は元祖は『世界の山ちゃん』ではなく『風来坊』という同じ名古屋の鳥料理店。

元々、スープの材料ぐらいにしか使われていなかった手羽先に注目した風来坊創業者の大坪健庫さんが、手羽先を唐揚げにして独特のタレをつけたところ大人気に。そんな地元名古屋のローカルフードだった手羽先の唐揚げに目を付けたのが世界の山ちゃん創業者の山本重雄さんで、その後の全国展開によって名古屋の〝手羽先の唐揚げ〟イコール世界の山ちゃんという認識になってしまったわけです。

もちろん、このことを風来坊創業者の大坪さんは快く思うわけがないのですが、山ちゃんの山本さんも「自分の店が元祖」などと語ったことはありません。どのメディアにも「元祖は風来坊さんで、私はマネをしただけです」と語っているのです。

そうなると大坪さんも、山ちゃんとの間で事を荒立てようなどとは考えません。結果的には「手羽先の唐揚げを全国区にしてくれた」ということで、丸く収まりました。

なるほど。たしかに「名古屋めし」は意図的ではないパクリによって、独自の文化に発展したという説も一理あるかもしれません。そこで、もう一度、パクられているといわれる、天むす、ひつまぶし、鶏ちゃん、とんてきを調べてみました。

天むすは「名古屋が発祥の地」とうたったり、「元祖○○」というところがまだありましたが、三重が発祥の地であることは、ほぼはっきりとしているようです。ひつまぶしは名古屋が特に発祥の地とは言い切っていませんから、パクり疑惑は、「とんてき」

と「鶏ちゃん」に絞られます。

鶏ちゃんは、「元祖鶏ちゃん」という居酒屋さんはありませんし、名古屋発祥とも打ち出されていません。お店のメニューでも、ちゃんと「岐阜発祥」や「三重のご当地グルメ」などと書いてあったところが多いように思われます。

一方のとんてきも、メニューにしているお店はありますが、調べた範囲では「名古屋めし」「名古屋発祥」とうたっているところはありませんでした。「鶏ちゃん」同様、パクリをしているのは極めて少数のお店と見ていいでしょう。

結論として、名古屋めしは愛知県名古屋市を中心とする中京圏が発祥、もしくは中京圏で発展した独自の食事文化の総称として、名古屋の存在感を醸成するのに少なからず寄与しているといえます。

④銀行ですら安易に信用しない

名古屋は城ができるまでは何もなかったところで、そのため、町造りは計画的に行われたといいます。その名古屋城と城下町を造ったのが家康でした。伊勢地方の民謡『伊勢音頭』にも「尾張名古屋は城でもつ」と歌われていますが、まさにそのとおりだったわけですね。

東京や大阪といった他の大都市と名古屋との違いのひとつに、出入りする人数の少なさが挙げられます。東京は日本全国から、大阪は西日本から人が入ってきたのですが、名古屋はせいぜい三重や岐阜からぐらいで、地元っ子が多いのが特徴です。

そのため、排他的な土地柄になり、名古屋モンロー（排他）主義といわれるようになりました。モンロー主義の元祖は、１８２３年にアメリカのモンロー大統領が提唱した、「ヨーロッパのことにアメリカは口出ししない。だから、アメリカのことにヨーロッパは口出しするな」という、当時のアメリカ外交の原則です。転じて、排他的な政策や方針を、「〇〇モンロー主義」と呼ぶようになりました。

名古屋の場合、中日新聞、松坂屋、名鉄、中部電力、東邦ガスなどが昔からの身内の企業として、今も強く結束しています。名古屋において一流とは、いかに名古屋に根を下ろしているかということなのです。その意味ではトヨタも、ようやく地元企業扱いされてきたようです。

名古屋が海に面しているのに暑いのは、「コンビナートのスモッグさえも排他的で、海風をブロックしているから」という人もいるくらいですから面白いですね。

スモッグはともかく、愛知県は日本最大の工業県です。自動車産業をはじめ、航空宇宙産業、セラミックス産業から食料品に至るまで幅広い産業を持っていますから、買い物や娯楽が愛知県だけで完結できる地域なのです。その中心が名古屋なのですから、排他的になってしまうのもしかたがないのかもしれません。

また、名古屋で生まれた人は、幼稚園から大学まで名古屋の学校に通い、そして就職も名古屋にある企業に入るのが当たり前。他県に出ていく必要などないのです。一昔前、東海銀行の研修で名古屋に来た時に聞いたことがあります。「やはり、社員の方たちは愛三岐3県出身が多いですか?」と。すると、「はい。社員はほとんどその3県出身です」と、即答されました。ですから、一生を名古屋で過ごす人が多いのは当然。人口の流動性が少ないのですから、閉鎖的にならざるを得ないのです。

また、「よそものという言葉は、この地域ではまだ生きていますか?」の質問に対して、愛知県人の47・5%が「はい」と答えています。これは全国4位の数字。名古屋人が排他的になったのは、江戸時代から今日に至るまで、よそに行く必要もなかった上に、よそものも入ってこなかったため、付き合いが苦手になってしまったからでしょう。

さらに、名古屋人は安易に人を信用しないところがあります。1959年の伊勢湾台風の際、名古屋では床上浸水の被害に遭った家も多かったのですが、その多くで1万円札がプカプカ浮いていたというのです。これは名古屋人が銀行を信用しておらず、現金を床下の壺などに隠していたからだという、銀行業界では有名なエピソードです。

リスクのありそうなものには手を出さず、いざという時に備えて貯蓄に励む名古屋人。実際の貯蓄率以上に、タンス預金があるともいわれるほどです。

⑤なんでもかんでも回数券

名古屋では、エステやスポーツクラブ、ゴルフ練習場やサウナはもとより、遊園地や水族館、劇場、駐車場、カプセルホテルなど、各種の回数券が存在しています。

最もポピュラーなのが、コーヒーチケットです。大抵11枚つづりで10杯分の値段。お客さんが保管する場合もあれば、お店に預ける場合もあります。レジの後ろの壁あたりに名前入りで止めてあり、会計時に店員さんが切り取っていました。全国探しても、これだけ、色々な回数券やチケットが多いところはなかなかありません。

お客さんは回数券を使えば1回あたりの金額が安くなるし、商売している側にとっては顧客の囲い込みにつながります。つまり、顧客にも店側にもメリットのあるシステムなのですが、実はお店側にとっては、さらなるメリットがあるのです。

たとえば、1杯500円の喫茶店で、10杯分の回数券を4000円(1杯400円になりますね)で売ったとします。通常は10杯分だと5000円ですから、お客さんが1000円得をする一方、お店は1000円損することになります。しかし、回数券は、お客さんがまとまった金額を先払いしてくれるため、現金が必要な店の経営者側としては、キャッシュフローとしてありがたい話なのです。

コーヒーだけで帰る常連客もいれば、回数券があるからとサイドメニューを注文したり、お土産にお菓子などを買ってくれる常連客もいるでしょう。誰かと一緒の場合、常連客には回数券があっても、連れが「いいから」とお金を払ってくれたら、お店の売上になります。

つまり、通常500円のコーヒーを400円で売ることによって、この差額100円の投資が、新しい固定客を連れてきてくれる可能性や他のオーダーを促す可能性を生むのです。さらに、回数券には期限が設けられているため、店側にとってもいいこと尽くめといえるのです。

最近はポイントカードで還元するお店も増えていますが、名古屋に限ってはまだまだ回数券文化が根強いという特徴があります。ちなみに、このようなポイントの失効率が全国で最低なのは香川県だとか。見事な回数券制度は、香川県同様、お金に細かい名古屋人気質によって誕生したのではないでしょうか。

⑥派手さとケチが同居する二面性

ケチで見栄っぱりといわれてきた名古屋人。けれども彼らにだって、言い分があります。ただ単にケチなのではないのです。これは、かつて尾張藩が勤倹貯蓄を推奨していたため、普段は無駄遣いせず、その分、結婚など晴れの日にどんと使うようになったことも影響しているからというわけです。

お金が大事という意識が非常に強く、ひたすらコツコツと貯蓄したお金は銀行すら信用していないため、タンスに貯金していると、先ほどもお話ししました。

その一方、見栄っ張りでもあるため結婚式を派手に行うことでも有名で、かつては荷台がガラス張りになっているトラックに嫁入り道具を詰め込んで、その豪華さをアピールしながら嫁ぎ先までの道のりを走り抜ける姿が見られました。最近は、さすがにガラス張りトラックは少なくなっていますが、それでも紅白幕や鶴亀といった縁起のいい飾りをしたトラックで新婚家庭の家具などを運ぶことは少なくないようです。

披露宴では派手に菓子まきを行ったり、食べ切れなかったものはタッパーに入れて持ち帰る人も。ケチと見栄っ張りが共存する独特の文化が結婚式でも見られるわけです。

見栄や体裁を気にするだけではありません。女性はブランドが大好きだし、女性社員は社員旅行用のスーツケースで張り合って超豪華なモノを購入し、自慢し合っています。

一方の男性も、高級ブランド品が大好きな傾向があります。

「女の子が3人いたら家がつぶれる」というのは、結婚式にお金がかかる名古屋の言い伝えですが、それも昔の話。今では、名古屋人の披露宴にかける金額は、なんと全国平均以下となっているそうです。

しかし、それでも偉いのは貯蓄額。結婚式のために貯めたお金は、全国平均２９７万円に対して、東海地区は３５７万円で全国一。首都圏の３０５万円をも大きく引き離しているのです（出典・ゼクシィ結婚トレンド調査２０１３）。結婚のために貯金をしていた25歳から29歳の女性は、94・１％！「貯めない」という選択肢はないような数字といえます。

たくさんの矛盾を抱えている名古屋人ですが、「良いモノを持てば他のモノはいらない」といった意識が非常に強いのも特徴。高級車や高級腕時計を持っていても、家でカップラーメンを食べるようなケチケチ生活をしている人も珍しくはありません。家でボロボロの下着を着ていても、ミシュランの星付きレストランには行くのです。

ただ、これは一点豪華主義というスタイルでもあり、人に迷惑をかけているわけではありません。なんでも平均的なもの、安いものばかり揃えるよりは、メリハリがあります。名古屋人はそうやって人生を楽しんでいるともいえるかもしれません。

以上、ひとクセもふたクセもある名古屋人気質を整理してみましたが、これらの気質の大半は尾張藩の「勤倹貯蓄」がベースにあるといってよいのではないでしょうか?

やたら滅多に「あんこ」を入れたがる

名古屋めしはユニークだけど、万人受けするおいしさかといわれると「?」がつく人もいるかもしれません。そうした事情もあってか、名古屋が美食の街という印象はあまりないようです。

そもそも、なぜ名古屋の食文化には変わり種が多いのでしょう。実は、名古屋人は「和」の世界観がとても好き。西洋の食文化が入ってきても、そこに独自の「和」テイストを付け加えてカスタマイズしてしまう傾向があります。

その代表が「小倉トースト」や「あんかけスパゲティィ」です。あんかけスパゲテイは文字通り、スパゲティにとろみのあるあんをかけたもの。女性ばかりか、ビジネスマンのファンも多く、ランチタイムでは男性客の方が多いほど。

もちろん私も食べたことがあります。味が悪いわけではないのですが、しまりがない気がしました（あんかけスパのファンの方すみません）。

さらに先日、奇食マニアの聖地とも称される有名店『喫茶マウンテン』に行き、〝洗礼〟を受けてきました。

もちろん、食べたのは、看板メニューの「甘口抹茶小倉スパ」。抹茶色のスパゲティはほろ苦いのですが、その上にこんもりと盛られた小倉あんと生クリームの壮絶な甘さが湯気と共に攻めてきて、口の中で思わず味覚が遭難しそうになりました。

甘口抹茶小倉スパなどは、「おいしい」「おいしくない」という世界を超越した存在だと思わずにはいられません。あんかけスパもそうですが、どうも名古屋の食は徳川家康のごとく、ある種の辛抱強さを試される側面もあるようです。

その中でも比較的ビギナーにも取っつきやすいのが「小倉トースト」といった、あんこを使ったパン類ではないでしょうか。

小倉トーストは、名古屋周辺の喫茶店ではお馴染みのメニュー。厚めにスライスした食パンをトーストした後に、マーガリンやバターを塗り、その上に小倉あんをのせたものです。

かつて名古屋の栄地区に存在した『満つ葉』という喫茶店が発祥という説が有力。大正時代、当時のハイカラブームに乗ってバタートーストを提供するようになったところ、お客の学生たちがトーストをぜんざいに浸して食べるようになり、それを見た店主が最初からトーストに小倉あんをのせた小倉トーストを考案したそうです。

うまいもの、いいものならすぐに取り入れる名古屋人気質もあって、小倉トーストはいつの間にか中京圏全域にまで広がりました。一時は、愛知県限定でマクドナルドが小倉ソフトホットケーキを販売したこともあります。

また、マーガリンとあんこの組み合わせはコンビニでも、コッペパン（つぶあん＆マーガリン）として販売されています。名古屋のどのコンビニでも必ず「小倉あん」を使ったパンやデニッシュが販売されているほど人気なのです。

名古屋は古くから菓子作りと茶の湯の文化が盛んで、小豆を使った菓子に馴染みが深い土地柄。そのこともあって甘いもの、特に「和」の甘いモノが好きなのですね。

さらに名古屋はもともと喫茶店が多い地域。競争に勝ち抜くために、豪華なモーニングサービス、さらにはまんが喫茶が生まれました。この小倉トーストも、名古屋の喫茶店を語る上で欠かせない存在であり、シンプルなメニューながら名古屋の食文化が凝縮されているような気がするのです。

名古屋めしは全部赤茶色？

名古屋でラーメン店に入ると、必ずといっていいほど額に汗しながら、いかにも味の濃そうな赤茶色のスープと麺をすすっているお客の姿を見かけます。このラーメンの正体こそが、名物の「台湾ラーメン」です。

鶏ガラと醤油ベースのスープの上に炒めた挽き肉・ニラ・長ネギ・モヤシなどをトウガラシで辛く味付けされたものがのっている、いわゆる激辛系ラーメン。そもそも名古屋のご当地ラーメンなのに、台湾と名前が付いているのも不思議です。

そのルーツは1970年代にさかのぼります。名古屋市千種区今池にある台湾料理店『味仙《みせん》』の台湾人店主の郭明優《かくめいゆう》さんが、台南名物の「台仔麺《タンツー》」を元に激辛アレンジをして作ったそうです。本家の台湾には、もともと存在しない、名古屋オリジナルのラーメンだったのです。

とにかく見ただけで辛そうですが、慣れてくると、この刺激が癖になるとか。名古屋人は、八丁味噌など濃い味が好きですから、辛い台湾ラーメンだって好きなのではという意見もあります。甘いモノも辛いモノも好きなのは、どちらも味のはっきりしたものだからではないでしょうか。

また、八丁味噌を使った料理を特に好む傾向にあります。何にでも味噌をかけるため、各家庭にはチューブ入り味噌が冷蔵庫に常備されているのです(なかには、マイ味噌として持ち歩いている人もいます)。

名古屋で主に使われる赤味噌で、最も有名なのが「八丁味噌」。愛知県岡崎市の特産品のひとつです。名古屋圏で「味噌汁」といえば、豆味噌を用いた赤茶色のものが一般的です。八丁味噌はその昔、徳川家康生誕の地である岡崎城のあるこの地で作られ始め、家康が好んで食べたといわれています。

八丁味噌の「八丁」とは、岡崎城から西に八丁（約870m）の距離にあった八丁村（現岡崎市八帖町）で味噌作りが始まったところから名付けられました。

時の権力者であった家康公におもねるために、大名たちもこぞって八丁味噌を使ったことから、食文化として根付きました。さらに熟成期間の長い八丁味噌は保存性にも優れていたことから、戦に備えた兵糧としても重要な扱いを受けていました。

三河（今の愛知県東部）の土地はもともと米作りに適さない土地だったため、農民の生活は厳しく、おかず代わりに辛い豆味噌を舐めていたのだとか。時代の変遷を経て、今はチューブに入ってこれ1本で何にでもかけられる商品『つけてみそかけてみそ』が人気。年間100万本以上出荷されています。

何にでも八丁味噌を入れてしまう名古屋人は、基本的に「色」の濃いものが好きなのかもしれません。味噌カツ、ひつまぶし、手羽先、味噌煮込みなどの名古屋めしも、考えてみると全部赤茶色です。

カラーマーケティングの第一人者・芳原信さんに言わせると「太陽が地面に降り注ぐ

角度や距離が異なることで、太陽光線の強さは変わる。光が強い地域（沖縄など）はやや赤みがかかった光、弱い地域（北海道や東北など）では青みがかった光となっているのだそうです。その影響で、名古屋など日本の中部地域では、「メタリック・ゴールド」「ビビット・イエロー・グリーン」「ディープ・ワインレッド」「レンガ色（＝赤茶色）」が好みの色になるのだとか。

しかし、例外もありました。他の地域が、正月の雑煮ぐらいは贅沢にと考えるのに対して、尾張藩の「勤倹貯蓄」精神が残る名古屋のお雑煮は意外にシンプル。かつお節でダシをとり醤油で味付けし、具は角餅を焼いたものと「真菜」と呼ばれる菜っ葉だけ。仕上げにかつお節を散らして出来上がり。一般的なお雑煮には付きものの、魚や鶏は入れません。得意の赤茶色は影を潜めています。

めでたい晴れの日なのに、名古屋のお雑煮は豪華でもないし派手さもないことに、初めて食べた人は一様に驚くようです。これだけ味噌好きな名古屋の人なのに、お雑煮に限ってはすまし汁というのも不思議でなりません。

魅力のない都市ワースト1位のもっともな理由

「名古屋ですか？　何か見るものってありますかね。東京は銀座や渋谷、原宿、六本木、お台場と、オシャレで個性的な街や観光地があります。あと最近は浅草とスカイツリーだとか、古い歴史と新しいランドマークが楽しめたりもしますよね。

大阪も難波や道頓堀、心斎橋、ＵＳＪがあるし。横浜も日本最大の中華街に異国情緒漂う馬車道や、流行の発信地でもある元町通り、みなとみらい、八景島シーパラダイスなど他の都市では見られない観光地や商業地がとても充実しています。実際、年間観光客数も東京、大阪、京都、横浜の順番ですし、名古屋は神戸よりも下だった気がします」

こんな意見を聞いたことがあります。たしかに、他地域の人にとって名古屋には具体的に思い浮かぶ「行ってみたい場所」というスポットが少ないかもしれません。

他にも、細かな意見を拾ってみると……。

「名古屋駅前の高層ビルはすごいけど、お店の人の愛想がイマイチ」「何を食べても味が濃すぎる」「名古屋めしは好きだけど身体に悪そう」「有名店は観光客ばかり」「京都ほどではないけど高い」「おもてなしの感覚が薄い」と、どこか名古屋の素っ気なさというのか、おもてなし感のなさを感じている方が多いようです。

「全体的にセンスがいまひとつかも」「1980年代だったか、タモリが名古屋をいじっていたのを思い出す」「ご当地グルメは宇都宮なら餃子ですが、名古屋の場合は、いろいろありすぎて逆にコレというものがない」「新しいものを拒む感じ」「村八分みたいな空気がいまだにありそう」

やや辛辣《しんらつ》な意見や感想が多いですが、どうしても保守的な名古屋の土地柄がそのような印象を他地域の人に与えてしまうのかもしれません。

一般的に、魅力があるとされる都市には、美しい自然や歴史的遺産が多いことが挙げられます。しかし名古屋には、美しい自然と胸を張れる場所もこれといってありません。歴史的遺産も、名古屋城を中心に熱田神宮などはありますが、京都は言うに及ばず東京や大阪に比べても、やはり引けを取るようです。

たとえば、旅行情報サイトじゃらんの名古屋の歴史的建造物ランキングを見てみると、

1位名古屋能楽堂、2位文化のみち二葉館、3位揚輝荘の3つですが、大阪市のランキングは1位住吉大社、2位天神橋、3位淀屋橋を皮切りに全部で40ヵ所もあるのです。都市が持つ複合的な機能やその文化、それらを含めた情報の発信機能そのものも観光の魅力となるのですが、名古屋は都市としてはまだまだというところ。

ですが、だからといって名古屋が総合的に魅力に欠ける街ではないと思うのです。むしろ、いろいろと濃い部分も含めて人をひきつけるものはあるのですが、それらが東京や横浜、京都などのように「外向き」に洗練されたものになっていないがために、他地域の人から評価されていないだけなのかもしれません。

いや、その洗練されていない感じこそが、名古屋を名古屋たらしめる最大の魅力かもしれないのですが……。

日本三大ブス産地の筆頭⁉

あくまで一般論としての話です。

「日本三大ブスの産地」は、北から、仙台、水戸、名古屋といわれていますが、数十年前は、仙台と水戸は固定されていて、残った1枠に、名古屋、熊本、広島、岡山、松本、前橋、福島、米沢などが入っていました。

つまり、その頃の三大ブスは仙台、水戸、熊本とか、仙台、水戸、広島もあったのですが、それが、数十年前に名古屋が固定されるようになって、今の仙台、水戸、名古屋になったそうです。いずれも太平洋側であり、城下町でもあります。

仙台は水質が悪かったためだとか、派手好きの伊達政宗が美人をみんな江戸に連れていった結果、地元にブスだけが残ったという話や、伊達政宗が自分の娘より美人を皆殺しにしたという説があります。

水戸は、常陸(今の茨城県北東部)の国を治めていた佐竹義宣《よしのぶ》が、出羽(秋田)への国替えの命が下った1602年(慶長7年)、腹いせで故郷の美人を全部連れていってしまったからという説があります。そのため、秋田県には美人が多いと言われるようになったというのです。

名古屋も徳川家康が美人を江戸に連れて行ったという説がありますが、明治・大正から昭和初期は美人が多かったという話もあるのです。

名古屋がブスの産地であるか否かについては２０１４年、日本テレビ系列のバラエティー番組『月曜から夜ふかし』のワンコーナーで「日本三大ブスの一角問題」として取り上げられ、名古屋在住市民の肯定的なインタビューが紹介されました。

名古屋が日本三大ブスの一角を占めるかどうかについては「排他的な土地柄のため、身近なところでうまくパートナーを見つけることを繰り返してきたため、美人が少ない」という分析もできます。

仙台、水戸、名古屋はともに城下町ですが、城下町はよそものを入れなかったことも影響しているようです。地元生まれ、地元育ち同士が結婚することが多いため、他の地方の血が混じりにくい環境にあるともいえるでしょう。逆に言えば、血が混ざり合った方が美人になりやすいという話もあります。

一方、美人の産地といえば、秋田、京都、福岡というのが通説ですが、私が代表を務めるナンバーワン戦略研究所のアンケートの調査では、福岡、秋田、東京の順でした。

（北海道から沖縄までのビジネスマン７６２人に対して、当研究所が２０１４年に実施

した美人アンケートの結果です。設問は「あなたからみて、美人の多い県はどこですか?」有効回答率98・7%)

確かに福岡は美人が多いところです。何を隠そう、「福岡は芸能人輩出県」と言い出したのも、実は私です。2位の秋田は佐竹義宣の話に加えて、秋田人にはロシアの血が混ざっているという説もあるくらいです。

実際、青森から秋田沿岸部の女性の中には彫りが深く、髪の毛が茶系で、目の色も緑色や青色がかった人がいます。つまり、秋田美人には色白肌のポチャポチャ系と彫りの深いアングロサクソン系の2種類の美人がいるのです。

3位は東京。全国からの選抜組が集まるだけに、美人が多いのは当然でしょう。愛知は1993年の調査と同じ16位。京都は4位から5位。大阪は9位から17位とランクダウンしました。

「東京、大阪と勝負できている」と思うなかれ！

名古屋人は、名古屋より東京や大阪の方が、はるかに大きい都市であることは知りつつ、それでもことあるごとに東京や大阪と比較する傾向があります。「中京」という呼び方も、東の東京と西の京都の中間にある〝都〟として明治の中頃から用いられるようになりました。

明治の中頃、1889年には東京・新橋と神戸の間で東海道線が全線開通。これによって人の移動や物流が飛躍的に発展し、東京と大阪・神戸の間に位置する名古屋が「東海道線の中間地点」としての存在意義を増してきたのです。

全国的に人口の集中している地域となると、まず東京があり、次いで大阪、それから名古屋ということになります。しかし、この3地域には大きな違いがあります。江戸時代には、参勤交代で日本中の殿様が年中出入りしていた大江戸（東京）。京の都のお膝元であり、さらにお隣には港町神戸に接し、太閤秀吉時代からの西日本の商都大阪。

これに対して尾張名古屋は、もともと何もなかった広い原野のど真ん中に、家康が大きな城を建てたに過ぎないのです。

つまり「中京」は、元からあった都市の呼称でもなんでもなく、東京と京都の中間にあることから名古屋の人が使いだした言葉だということです。

人口密度や土地の価格は東京、大阪、名古屋の順ですし、持ち家比率や家の広さは逆に、名古屋、大阪、東京の順です。こうしたことから、ものすごく大都会ということではないけれども、名古屋は住むには良いところだという意識を名古屋人の多くが持っていることもうかがえます。

実際、2016年に名古屋市が行った「名古屋の魅力・住みやすさについて」の市政世論調査でも「住みやすい」と答えている人が9割。良いところは「地理的に日本各地への移動が便利」と考える人が6割以上という結果が出ているほど。

ただし、名古屋の悪いところや嫌いなところを尋ねたところ、「夏が蒸し暑い」と答えた人が約6割で最も多く、次いで「観光名所が少ない」「交通マナーが悪い」と続いています。意外に名古屋人は自分たちの環境を冷静に見ているのかもしれません。

また、名古屋が住みやすい要素として挙げられる交通網の充実という点で見てみても、東京と大阪にはかないません。首都圏ではＪＲ以外に京急、東急、小田急、東武、西武、京王、京成、相鉄の大手８社に加えて東京メトロ、つくばエクスプレスなど計22社があります。関西も私鉄では、阪急、阪神、南海、近鉄、京阪の５社と山陽電鉄や神戸電鉄等15社で計20社があります。

それに対して名古屋は、名鉄と、愛知環状鉄道など計６社しかないのです。

また名古屋人は東京には歯が立たないと思うと、大阪を比較対象にすることがあります。そして、大阪を上回るものが出てくると満足するのです。大阪と名古屋を単体同士で比べたら確かにそれほど大きな差はないかもしれません。しかし、決定的に違うのは大阪には京都や神戸といった大都市が周囲にあり、広域な京阪神都市圏を形成しているという事実。

前述したように、鉄道網等交通インフラを比較しても相当な差があります。名古屋は三大都市には入っていますが、無理して東京や大阪に戦いを挑む必要もないのでしょう。それよりも最近、都市機能と自然環境の身近さが共存していることで人気の高い札幌や福岡などと競うのもいいのではないかと思うのです。

「もともと観光都市ではない」という甘え

名古屋は昔から観光客が少ないといわれていますが、どうなのでしょうか？　名古屋市観光客・宿泊客動向調査を見ると、２０１４年度の観光入込客数は３９６５万人で昨年度に比べ３８５万人も増加しています。

これだけ見ても多いのか少ないのかはわかりませんので、東京や静岡と比較してみましょう。いずれも海外からの訪日客は含まない数字です。

観光庁のデータによると２０１５年度の東京都の観光入込客数は、都内の宿泊客が３６７万人、日帰り客は２億３９７４万人、都外の宿泊客は８７８万人、日帰り客は２億１５０２万人。

静岡県は県内の宿泊客が２４１万人、日帰り客は２２１７万人、県外の宿泊客は１０６６万人、日帰り客は２８５７万人。こうしてみると静岡県はかなり健闘しているように思えます。

対して愛知県は集計中で数値がありません。仕方がないので、２０１５年度の名古屋市のデータを使いました。名古屋市内の日帰り客は1476万人、市外の宿泊客は648万人、市外の日帰り客はは2202万人と、いずれも静岡県と比べて少ないのです。

修学旅行で名古屋を訪れた学校数は116校あり、最も多かったのは、どういうわけか近畿で35校。次いで関東、甲信越の32校、次にようやく東海、北陸の26校でした。

これはまずいですよね。まずは近場から来てもらわなければいけません。

さらに全体数からみると、関東・甲信越はあまりにも少ない。立派な交通インフラがあるにもかかわらず、大阪市よりも観光客数が少ないのは、名古屋という街が観光地としての意識をあまり高く持っていないことも影響しているといえるのかもしれません。

愛知県や名古屋市は、観光都市ではなく工業都市であると自負しているところがあります。製造業で盤石な地位を築いてきているので、観光で人に来てもらおうという意識に乏しいのです。このことは皆が認めているフシがあります。

その点、横浜や神戸は、近隣に工業地帯を抱えながらも観光でもしっかり儲けるために「観光の顔」となるスポットを整備し、イメージアップ戦略を地道に重ねてきました。横浜のみなとみらい地区にある赤レンガ倉庫などは、そうした象徴のひとつでしょう。

名古屋は、トヨタをはじめ大企業がたくさんあるので税収面でも潤っています(トヨタの本社は豊田市ですが)。そのため観光に力を入れなくても良いという背景があるようです。河村たかし名古屋市長は名古屋城をもっと観光の拠点としてパワーアップするため改装しようとしていますが、反対も多いようです。

税収面で恵まれているため、それをどう使うかですが、観光地にしなくても地元の人が地元で遊べればいいという考えも根強く、どうしても神戸や京都、横浜とは事情が異なってくるようです。

名古屋は神戸や横浜、大阪などに比べて、新しい街。きちんと碁盤目状に道路も整備され、道も広い。車でもとても移動しやすい街です。東名阪の真ん中に位置する名古屋だけに、他地域の人がもっと足を運ぶようになれば、名古屋のイメージもまたちょっと変わってくるのではないでしょうか。

まだまだヤバイよ、名古屋人

「一言で言うと、よそものに冷たいし、優しさに欠けている。愛がない」

もちろん、名古屋人にも優しさと愛に溢れた人はいるでしょうが、こう揶揄《やゆ》されてしまう名古屋人。個人的にもそう感じたことが何度かあるのは事実です。

まだ名古屋に馴染みのない頃は、名古屋の人がぶつかるように歩いてくるので驚いたことがありますが、肩がぶつかっても謝られた記憶がないのです。産業都市として、肩で風を切るように発展してきたからなのでしょうか。

その昔、名古屋で大手企業の新任支店長10人との勉強会があり、私には名古屋で活動するときの話をしてほしいとオファーされたことがありました。名古屋は車社会ですし、「名古屋走り」と呼ばれる荒い運転マナーに注意しましょうと話しつつ、みなさんの顔を見回すと、おふたりの方が頸椎固定のサポーターをしているのです。ともに、転勤してきてタクシーに乗っていたら後ろからぶつけられたそうです。

時間に遅れてもあまり気にしない人も、沖縄ほどではありませんが少なくありません。

タクシーに乗ると、運転手さんが自虐的に名古屋のダメな話をするのはいいのですが、「そうそう」とうなずいていると、不愉快な顔をされることがあります。この場合「そんなことはありませんよ」というように否定するのが無難なのだと学びました。

名古屋人の中には「信長・秀吉・家康を輩出したのは名古屋だから、今の日本をつくったのは尾張人だ。だから、愛知県外の企業に就職したい学生は誰もいない」と豪語される方がいます。

さすがにそれは大げさな気がするのですが、完全に否定しきれない空気も名古屋にはあるのです。

あるいは客先を訪問して「こんにちは」などと声を掛けても「何の用ですか？」とさえ尋ねられることなく放置されることもあります。名古屋人は他地域の人には排他的とまでいかない場合でも、どこか距離を置こうとする感じがするのです。その一方で、一度親しくなってしまうと、個人的なところにまで踏み込んで世話を焼くことがあります。極端な二面性を持っているのです。

かの徳川家康も、豊臣方との二度にわたる戦いで自らの命を脅かした難攻不落の大阪城（当時は大坂城）を夏の陣の後、その遺構すら目にすることのないよう地中に埋めるという、容赦のなさを見せました。そうかと思えば、戦で傷を負った家臣には自らの馬を与え、自身は歩いて帰ったという情け深い逸話があるほど。名古屋人は決して愛がないわけではないのです。

それなのに、なぜ名古屋人は冷たいというイメージがあるのでしょうか。もしかすると、織田、豊臣、徳川を世に送り出したのに彼らは故郷を顧みず江戸や大坂に行ってしまったという、いわば口惜しさが根拠のない自己中心的な郷土偏愛となって残っているのかもしれません。

こんな話もあります。

名古屋市営地下鉄が乗客に無料で貸し出す「友愛の傘」は、突然の雨などの時にどの駅で借りて、どの駅で返してもいいという便利な仕組みです。１９６２年（昭和37年）に始まった歴史のある取り組みで、これまで個人や企業などから寄付された12万本以上の傘が備えられましたが、ほとんどが返却されず傘立ては空の状態。

決して悪意があるわけではなさそうですが、どうも「次に借りる人のために」という考え方はあまりしないようです。

「友愛の傘」のような愛のある仕組みを何十年にもわたって続けられる優しさがある一方で、そういったことが当たり前になってしまい表立って感謝を表しにくいのは、名古屋人のシャイな性格も影響しているのでしょう。

第2章　名古屋の歴史と、名古屋人の一生

尾張名古屋のルーツは尾張氏

名古屋のルーツである尾張は、いつ頃登場してきたのでしょうか？　調べてみました。『日本書紀』をひも解くと、尾張氏は、天火明命（アメノホアカリノミコト）を祖神とし天忍人命（アメノオシヒトノミコト）から始まり、女系の婚姻関係による系譜で、近畿に成立した大和王権の天皇家と深く結び付くことによって、強大な勢力を築いたそうです。

天火明命とは、日本神話に登場する神のひとつで、太陽の光や熱の神。尾張氏は、美濃（今の岐阜県南部）、飛騨（今の岐阜県北部）などに居住の後、乎止与（オトヨ）命の時に尾張国造となります。国造とは、地方の有力者を統治者として任命したもの。

その後、現在の小牧市大字小針の周辺で小針の地を開拓し尾張氏を名乗り、ここに尾張が生まれたというわけです。尾張氏は大和朝廷成立の頃から、朝廷の臣下として従い、豪族の地位を確保していました。また、一族から妃を嫁がせ、朝廷と母方の親戚となる外戚関係を結び、朝廷の要職に人材を送り込むことで、当時の国政への発言力を大きくしていったようです。

やがて本拠地を小針から現在の名古屋市緑区大高町の氷上姉子《ひかみあねご》神社の近くに移します。皇位継承の三種の神器のひとつ、草薙剣（くさなぎのつるぎ）を祀る地を熱田に決めた時期は尾張氏が大和朝廷の外戚家として全盛を極めたと推定されます。「尾張」は尾張氏からとった地名なのですね。

その後、尾張地方はさまざまな家に支配されます。１６００年（慶長5年）9月、関ヶ原の戦い終結まで清洲城主・福島正則が24万石で支配していましたが、戦功により福島は安芸広島藩に加増移封されました。

１６１０年になると、徳川家康が名古屋城を築城し、御三家の尾張藩を立てます。日本を統一して幕府を開いた徳川家康は、幕府が長く続くように頭を巡らせました。その中で一番気を配ったのが外様大名への監視だったといいます。

そこで交通、流通の要衝である尾張の地に一族の大藩を置くようにしたといわれているのです。その後、家康の九男徳川義直が47万２３４４石で入封し、清洲城から新たに築かれた名古屋城に移ります。これを「清洲越《きよすご》し」といい、１６１２年頃から１６１６

年まで約4年をかけて、清洲から名古屋への都市の移転を行ったのです。

当時、人口6～7万人という全国でも屈指の大都市「清州」を廃止し、新しく10万人の大都市を目指すという途方もない大きな構想でした。これにより、名古屋という都市が誕生し、ここに尾張藩が成立します。

初代藩主義直は61万9500の知行高（領地の石高）を領したといいます。学問を好み、儒教に傾倒して文治政策を推し進めました。財政には比較的余裕があり、領民には低い税率が課されたそうです。

「名古屋嫌い」の源流は尾張藩にあり!?

しかし、実質100万石といわれた尾張藩は、義直の晩年の頃には、もう財政難になっていたといいます。寛文年間（1661～1673年）には藩の収入が不足してきたので最初の改革が行われ、その後も何度となく財政改革を行ってきました。

ところが徳川宗春が7代目藩主となると、将軍の徳川吉宗の質素倹約令に対抗して豪快な政策を進めました。宗春は「民を苦しめ楽しみを奪う倹約に何の意味があるのか。むしろ金を使うことによって世の中が回り、ひいては民も救われるのではないか」と、時の将軍に真っ向から対抗したのです。当然、民からは人気が出ます。これを恐れた吉宗は宗春に蟄居を命じ、尾張藩は財政難を乗り切るために、「勤倹貯蓄」を奨励するようになったのです。

少しでも米の消費を減らそうと、尾張藩では米に代わってうどん食を奨励しました。きしめんはその一種で、名前の由来は、本来キジ肉入りだったという説がよく知られていますが、さらに説得力があるのは「棊子麺《きしめん》」説。

小麦粉を練ったものを小さく摘み取り、平たい碁石状にして煮たものを「きしめん」と称し、のちに平打ちうどんになっても、その名が残ったのだといいます。きしめんは生地を薄く伸ばすので、うどんと比べると麺が長く、薄く平らなので茹でる時間が短く、勤倹貯蓄にもつながりました。

こうして歴史を振り返る中でも、派手さを好む一方でケチともいわれる名古屋人の両面がうかがい知れる気がします。

その後、尾張徳川家率いる尾張藩は61万9500石を与えられ紀州徳川家、水戸徳川家の上に立つ徳川御三家の筆頭として、西日本の諸大名に睨みをきかせる役割を果たしていきます。

愛知県の尾張一帯以外に三河、美濃、近江（今の滋賀県）、摂津（今の大阪府と兵庫県の一部）、木曽（今の長野県南西部）などを統治し、独特な名古屋文化の基礎をつくっていったのです。

しかしながら尾張藩は徳川御三家筆頭であるのに、誰一人も将軍を出すことがありませんでした。

その理由としては、将軍候補に選ばれそうな時代の尾張藩主が短命であったことが挙げられますが、他にも紀州や水戸の徳川家と違って根回しが苦手だったという不器用な一面がそうさせたという説もあります。実力者が揃ってプライドも高いことに加えて対人関係では不器用な面もあることが、本書でも分析している「名古屋嫌い」につながってしまったのでしょうか。

明治以降、日本の富国強兵の流れの中で三菱、三井、住友などの財閥が、モノ作りの芽があった名古屋に軍需産業の工場を置き、名古屋は日本最大の軍需産業都市として栄えました。

名古屋は日本の産業革命の進展に伴い、紡績業、製糸業、窯業、時計製造業の工場が立地し、近代産業革命の大きな推進力となっていったのです。名古屋が日本を支えているという意識も高まり「本邦第三の大都会名古屋市」「躍進青年都市名古屋」といった紹介がなされるようになります。

第二次世界大戦時には三菱重工業、中島飛行機、愛知航空機、川西航空機といった航空機製造を中心とした、日本一の軍需産業都市となっていた名古屋。その分、空襲の被害は大きく、名古屋城の天守閣も炎上しました。

戦後は機械、金属、化学工業に転換し、重軽双方の性格を併せ持った総合工業都市となりました。街づくりにおいても、碁盤状の広く整然とした道路や、市内に散在していた墓地を一カ所に集めた平和公園などで知られるように、都市計画のモデル都市になっていったのです。

伊勢湾台風や五輪招致失敗を乗り越えて

1948年（昭和23年）、中川区山王に中日スタヂアム（現ナゴヤ球場）がわずか2カ月の突貫工事で開場。火災による再建後の1954年、中日ドラゴンズが初めてプロ野球の日本シリーズで優勝します。

1956年には大阪、京都、神戸、横浜と共に名古屋市が政令指定都市に指定されました。1957年、名古屋市営地下鉄1号線（東山線）の名古屋駅〜栄町駅間と地下街が開業。1959年には尾張名古屋のシンボル名古屋城の金鯱が復元されました。一方では同じ1959年9月26日に戦後最大級の伊勢湾台風襲来によって甚大な被害を受けます。経済的損害も深刻でした。

その後、1964年10月1日には東海道新幹線が開通し、4年後の1968年東名高速道路開通によって名古屋は東西の大動脈が通る大都市となり、1969年には人口200万人を突破したのです。

1979年には名古屋での88年夏季五輪開催を目指した招致を決定。最有力候補と見なされてきましたが、ＩＯＣ総会での決選投票の結果、ソウルに敗れたのです。当時はまだ冷戦下であったため、仮にソウルでの五輪開催となるとソ連や東欧諸国が不参加になる可能性もあり、名古屋開催でほぼ決まりと思われていたところからのまさかのどんでん返しでした。

とはいえ、名古屋人がみな、地元での五輪開催を望んでいたわけでもなかったようです。招致の時点から財政負担の増大や地価、物価高騰を懸念した反対運動が巻き起こり、名古屋市民のアンケートでも開催賛成派と反対派がほぼ拮抗《きっこう》していました。

名古屋を世界に開かれた街にしたいという思いは２００５年の中部国際空港開港、そして愛・地球博（愛知万博）の成功によって結実。スポーツ面でも２０２６年の夏季アジア競技大会が愛知県と名古屋市の共催で開かれることが決まりました。１９８８年の夏季五輪招致に失敗した名古屋市にとっても悲願のスポーツ大会招致となります。

２０２７年に予定されているリニア中央新幹線開業を控え、国内外の知名度アップにさらに期待が高まる名古屋。名古屋の黄金時代はこれからかもしれないのです。

そばとうどんの境界線説

食文化には地域性や歴史が色濃く表れます。名古屋めしにみられるように、食の面でも名古屋は東西どちらの歴史や食文化にも染まらない独自性があるようです。

そこで、名古屋がいかにして出来上がったかという歴史を庶民の食事である「そば」「うどん」から少し検証してみました。

そばとうどんの両方を出す店の看板は、東京では「そば、うどん」と書いてありますし、大阪では「うどん、そば」と書いてあります。東のそば、西のうどんを象徴していますが、実は江戸時代は江戸も大坂もうどんが主流でした。その後、江戸では、そばがうどんを凌ぐようになっていったのです。

その理由は、第一に、江戸っ子は何事にも淡泊なので、淡泊なそばを好んだこと。第二に、そば切り（現在のそば）が誕生した甲州や信州をはじめ東日本の人たちが当時、江戸に多く入ってきたこと。第三に、そばの基本は「盛り」であり、忙しい職人たちにとって、汁の入っている熱いうどんより早く食べることができたからなどといわれています。

そばやうどんの汁の色は、東は濃く西は薄いというのが一般的。大阪人が東京で初めてうどんを食べると、真っ黒のツユに驚きますし、東京人が大阪でそばを食べると透明なツユにびっくりするのも無理はありません。

渋谷駅にあるお店では、そばのおツユは関東風、うどんは関西風になっています。もちろんチョイスも可能。最近は都内の大学の学食でも同様なチョイスを実施しているところがあります。全国各地から人が集まる東京だけに、粋な対応といえます。

そばやうどんのツユの色は、どこで変わるのか――。

昔はこの境界線は関ヶ原説が有力視されていましたが、最近は新幹線の駅そばでは三河安城、在来線の駅では一宮といわれています。どちらにしても愛知県であることは間違いなさそうです。

実際のところ、どうなのか。今回は名古屋の広告会社に勤める知人に協力を仰いで調査しました。以下、そのリポートです。

「名古屋は上りと下りそれぞれのホームにきしめんの店があり、双方で食べました。名古屋駅の下りホームの店では、明らかに関西風の味付けで驚きました。上りのホームは、特に特別な感じもなく、ダシの効いた東西の中間ぐらいの味付けでした」

この違いはローカルニュースのドキュメントでも取り上げられたことがあり、西へ行くホームは、関西を意識して少し昆布ダシを混ぜて、東へ行くホームは、ムロアジの出汁を混ぜていると言っていたようです。つまり、新幹線の駅そばの境界線は、なんと名古屋駅だったのです。

私も気になったので名古屋駅できしめんのお店を経営している『名代きしめん　住よし』さんに伺ってみました。すると「昔のことはわかりませんが、今は上りも下りも食材は同じです」とのこと。そうなると、名古屋駅がダシやツユの違いから見た東西のそば・うどん文化の境界線という説も揺らいできます……。

ただし「上りのお店のほうがおいしいというお客さんが結構いるんですよ」とおっしゃっていたのも事実です。

もしかすると、東京寄りの濃い味付けを好む名古屋人や東京の味に慣れ親しんだ人の心理的なものも影響しているのかもしれません。やはり気分的には、名古屋がそば・うどん文化の境界線であり、東に向かう時は濃い目の味、西に向かう時は薄目の味がしっくりくるのでしょうか。

そば・うどん・きしめんのダシやツユの境界線を決定付けるのはなかなか難しいところですが、このリポートではさらに興味深い発見がありました。名古屋から西に向かい木曽川のあたりまで来ると、名古屋では見られなかった「ニシンそば」があったというのです。

ニシンそばは、北海道から送られた、乾燥状態の「身欠きニシン」を甘辛く煮て、かけそばにのせたもの。明治時代に京都市東山区の総本家にしんそば『松葉』で提供され、評判になったといいます。もともと京都には伝統的に、ナスとニシンを一緒に煮たおばんざいはありましたが、ニシンは柔らかく戻したり、味付けしたりするのに手間のかかる食材。この境界線も名古屋なのかもしれません。

関西のダシは薄口で味に深みを出すため昆布を使います。関東のダシは伝統的にあまり昆布を使いません。これには東西の水質の違いが大きく関わっています。東京の水は、カルシウムやマグネシウムを比較的多く含んだ硬水で、ミネラルが多い分、昆布のダシが出にくい。一方京都は軟水で、昆布ダシをとるのに適しています。

ちなみに即席めんでは、日清食品や東洋水産などは、同じ商品でも東日本と西日本で違う味付けで販売しています。東日本は中京以東（愛知県、岐阜県、三重県を含む）、西日本は北陸以西で味を変えているのです。

最近は名古屋でも、ニシンそばやニシンがのったきしめんを供する店が増えました。外からの文化がなかなか入りづらい名古屋でもニシンそば、ニシンきしめんが食べられるようになってきたのは、なかなか興味深いところ。こんなところにも名古屋人の変化の兆しがあるのかもしれません。

名古屋人の作られ方

工業都市として発展してきた名古屋では、東京に比べると学歴志向はそれほど高くなく、早く働いて稼ぐ方がいいという考え方も少なくありませんでした。そのため、いわゆる幼稚園や小学校への「お受験」競争は激しくないようです。

それでも、やはり中学進学のあたりからは熱心になる保護者もいます。中学で人気があるのは、男子は東海中、南山中、滝中、女子は同じく南山中、淑徳中、椙山《すぎやま》中など。ちなみに中学の制服（評判）ランキングは、1位原中、2位城山中、3位金城《きんじょう》学院中（みんなの中学情報）となっています。２０１０年の体力テストでは、男子小中学生の体力順位は全国38位、女子は35位と下位ランク。小さい頃は体力より頭脳重視なのでしょうか？

名古屋では高校の公立志向が高く、旭丘、明和、菊里が人気。私立では東海高校が一目置かれています。ちなみに東大合格者数トップは岡崎高校。大学は地元の旧帝大の名古屋大学が人気。地元志向が強く、東大・京大より名古屋大学の方が上に見られています。これは大学卒業後のことを考えているためと考えられます。

「うちの社員は、愛三岐（愛知・三重・岐阜）が圧倒的に多いです」。以前、東海銀行に講演で何度か訪れた時に、担当者からこう聞きました。名古屋人は、昔から地元の会社に入ることが多いのです。昔から、育ちがいいといわれるお子さんが通っているのは、「男子は東海、女子は金城と決まっている」とも話していました。

ちなみに女子に限っていえば、「名古屋嬢」という呼称は、もともとは名古屋の名門お嬢様学校に通う子女や卒業生を指すものでした。椙山女学園・愛知淑徳学園・金城学院のローマ字の頭文字を取って「ＳＳＫ」とも呼ばれています。一番のお嬢様学校として知られる金城学院には、「金」の文字が入るため、中学から通う子を「純金」、高校からの子を「18金」、大学から通った場合を「金メッキ」と称するのだとか。

ＳＳＫに通うようなお嬢様は母親、祖母、曽祖母の3～4代続けて、同じ学校出身という家も少なくありません。もともと外に出ていくことも、外からよそものが入ってくることも好まない保守的な土地柄もあって、これらのお嬢様学校に通った後は、お稽古などをしながら家事手伝いをし、同じく良家との縁談を待つ古風なスタイルが今も一部では残っているようです。

そうしたことも影響しているのか、名古屋の人はお稽古に熱心。茶道や華道はもとより、バイオリン、水泳、そして、いかにも名古屋らしいフィギュアスケート。スケート王国と呼ばれるだけあって、練習環境や優れた指導者に恵まれていることと、一芸を身に付けさせたいという名古屋らしい教育方針も表れているのかもしれません。

名古屋人の恋愛事情

名古屋の男性の恋愛観は「男が上に立つもの」という意識が今も強く、昔風だといわれます。女性の外見も、いわゆる女性らしさが強い方が好み。縦巻きカールのロングヘアが特徴の名古屋嬢も、案外名古屋では女性らしさの表れとして受け入れられやすかったのかもしれません。さらに貯金持ちや免状・資格持ちの女性も男性には高評価です。

名古屋女性の恋愛は積極的で、特に名古屋では「逆ナン」という言葉がよく使われるほど。これは遊び好きというよりも、しっかりとした男性を見極めるには待ちの姿勢ではダメだという意識がそうさせているふしがあります。ただ、基本的に名古屋の女性は忍耐強くしっかり者。何ごとも簡単にあきらめないし、弱音を吐きません。

女性はいざ結婚となると、生活力があり、家一軒を建てる甲斐性のある男性を選びます。名古屋の男性が古風で頑固な分、包容力もあるのが名古屋女性。ブランド好きで見栄っ張りなのは男女共通ですが、ドライな一面も。流行は気にしますが、簡単には飛びつきません。

では、名古屋の女性はどのように男性にアプローチするのか。その方法のひとつが不意のプレゼント作戦です。名古屋の男性は特別な日以外のサプライズをとても喜ぶのです。また、名古屋男性は経済観念がしっかりしている女性に惹かれるので、モノを大切にする姿を見せるのも効果的。

対する男性の女性へのアプローチとして大事なのは、女性に対してはケチなところを見せないことです。名古屋女性は、おごってもらうのは当たり前だと思っているので、割り勘はアウト。生半可なプレゼントも逆効果。恋愛期間中はわがままに思えても、結婚後は良妻になるのですから、ここは女性の気分をしっかり盛り上げた方がいいのです。

ただ、女性の恋愛行動が積極的だからといって結婚が早いわけでもありません。名古屋男性の初婚年齢は30・5歳で32位（2011年）と遅い方に分類されます。女性は28・6歳で21位。このあたりは名古屋人の慎重さが出ているようです。

名古屋の男性は結婚すると、亭主関白になります。とはいえ粘り強いため、仕事はコツコツするし途中で投げ出すことも少なく、女性からすれば堅実な家庭を築くにはいい相手なのです。

一方名古屋の女性は、結婚後もムダ遣いしないしっかり者の妻に。共働き率は26・7%で26位（2010年愛知県）と大都市の割には多いです。世帯当たり預金残高は748万円で12位（2015年愛知県）。「貯め倒れの名古屋」と言われている割に12位なのは、タンス貯金の分が入っていないためでしょう。

ただし「家を持たない男は一人前でない」と思っている女性も多いので、夫の稼ぎが悪いと離婚の危機になるかもしれません。

名古屋人の性事情

結婚後の満足度を大きく左右するものが、手料理です。妻の料理に満足している名古屋男性は84・2%で愛知県の夫は85・1%。かなり高いのではないでしょうか。これはやはり、同じ名古屋人の妻が味のはっきりしたものを好む名古屋男性の嗜好を舌で掴んでいるからかもしれません。

とはいえ外食も好きなのが名古屋人。食費に占める外食費の割合から見た外食率は全国3位（総務省家計調査2015年）。ファミレスのドリンクバーでは、常識では考えられないようなミックスをして飲む人も見かけます。

では名古屋カップルの結婚生活はうまくいっているのか、幸せ度は高いのか――。ここに気になるデータがあります。「生まれ変わっても、今の配偶者と結婚したいか」という問いに対する全国の答えは、夫側61％に対して女性は49％ですが、愛知県の男性は64％と高く全国14位なものの、女性は46％で33位と、全国平均を下回っています。

さらに気がかりなのは、浮気の可能性が男女どちらも少なくないことです。

アンケート調査で「浮気したことがありますか？」と聞いてみたところ、全国平均では、男性は約4人に1人、女性は10人に1人が浮気をしたことがあると答えています（※各県、既婚男性50人、既婚女性50人、計4700人の調査　2010年（株）ナンバーワン戦略研究所調べ）。

男性で浮気性ナンバーワンは和歌山県。和歌山の男性は感情に素直で、その上情熱的。想いを寄せているだけならいいのですが、純情だけに行動に移してしまいがち。必然的に浮気も多くなるのでしょう。同率1位の佐賀は、県南部と県北部・東部で気質が異なります。特に南部の男性は口下手なため愛情表現も苦手ですが、意外に情熱的ですから惚れると強引に口説きます。日本で数少ない亭主関白が残っている地域だけに、納得の結果といっていいかもしれません。

そして、3位は愛知県でした。愛知は尾張（名古屋市など県西部）と三河（豊田・岡崎市など県東部）で気質が異なります。尾張の男性は恋愛には積極的。実はファッションヘルスが全国で一番多いのは愛知の177軒（2011年 タウンページ）。なんと、2位の東京（99軒）の1・5倍もあるのです。その当時、この177軒中143軒が名古屋にあり、これが、名古屋が「性風俗のメッカ」といわれるゆえんなのです。ちなみにソープランドも市内に15軒ありますし、電車で30分も行けば、西日本最大級のソープランド街である、岐阜の金津園もあります。

名古屋人は体裁を気にするため、夫が浮気しても許してしまう人が多かったのですが、近年は辛抱する人が少なくなり、離婚率も16位と（2015年厚生労働省）やや高めになっています（名古屋市は16市中8位）。

第3章　驚愕の名古屋あるある

冠婚葬祭あっと驚く節税対策

名古屋は昔から、格式や家の体面にこだわるため、冠婚葬祭は派手でした。「名古屋から嫁をもらえ」「名古屋には嫁にやるな」という言葉もありましたし、「家を持たない男は一人前ではない」「娘が3人いると家がつぶれる」ともいわれてきました。

結婚式や嫁入り道具の凄さは、昔ほどではありませんが、それでも全国では上位といって良いでしょう。今でも結婚式場は派手です。

名古屋では今でも紅白幕を掲げたトラックを見ることとあります。これは嫁入り道具を運んでいるトラックなのです。紅白幕を掲げているのは、嫁入り道具を運んでいることを周囲に知ってもらうため。嫁入り道具を運ぶトラックがバックすることは出戻り、つまり離婚を想像させるので縁起が悪いとされています。

運転マナーが悪いと評判の名古屋でも、道幅の狭い道路で紅白幕のトラックを見かけたら、バックさせないようによけなければなりません。もし、路上駐車の車などがあったらどうするかが気になりますが、その場合は祝儀を渡してでもどいてもらうのでしょう。決してバックはしません（にもかかわらず、最近、愛知県の離婚率は16位と高くなっています。トラックがバックしているのでしょうか……）。

結婚に付きものの菓子まきは、新婦の親戚一同が実家の屋根に上がり、集まった近所の人達にお菓子をまくもの。最近ではお菓子のパックを近所に配り、菓子まきを簡略化する傾向になっています。それでも名古屋では、結婚式や嫁入り道具にお金をかける傾向が強く、普段は節約しても、晴れの日にはパッと盛大にという考え方が根強いのです。

実はこの豪華な嫁入り道具は、財産分与を兼ねているともいわれています。通常、親が娘に500万円を手渡せば贈与税がかかりますが、嫁入り道具に関しては社会通念上相当なものであれば贈与税がかかりません。仮に500万円分の財産を家財道具として娘に手渡せば、究極の節税になります。さすがに、お金に細かい名古屋人は考えることが違うと感心してしまいます。

もっとすごいのは、名古屋のお金持ちがしていると噂の贈与税の基礎控除。現在の法律では、贈与税の基礎控除額は110万円と定められています。したがって、一人あたり年間110万円までの贈与をしても、贈与税は課税されません。この仕組みを利用して、毎年配偶者や子供、孫などへ、110万円の範囲内で贈与を続ければ、相当額の財産を相続の課税対象から除外することができるのです。

開店1時間でなくなる祝い花

昔から名古屋では、恋愛モノや文芸モノの映画は流行らないといわれてきました。2001年、いまひとつパッとしなかった、ブルース・ウィリスのアクション・コメディー『バンディッツ』は劇場では不調で、DVDでも全国的にはたいして売れなかったのですが、名古屋など東海地域だけは健闘しました。さらに随分前の『アルマゲドン』も他の地域より人気が高かったのです。つまり、名古屋はわかりやすいアクションモノが受ける土地柄といえます。

「文化は無駄から生まれる」という言葉もありますが、名古屋は無駄を排除しすぎたため、文化的な嗜好が薄くなり、わかりやすく派手なものを好むようにしまったのかもしれません。ついでにいうと、名古屋はプロレスも盛んです。

派手といえば、お店などの新装開店時に飾られる祝い花の扱いも名古屋は独特です。祝い花の扱いは、地域によって大きく異なります。東日本では祝い花を持ち帰る習慣はほとんどありません。しかし、名古屋や近畿、それに北海道、静岡県、愛媛県の一部地域では、店にもよりますが、祝い花は勝手に持って帰って構わないことになっています。特に名古屋では、開店から1時間ほどで祝い花がすべてなくなることも珍しくありません。

名古屋では「祝い花が早くなくなることは店が繁盛している証拠」であると考えられているためです。逆に、祝い花が店先に残っている場合は、店にマイナスイメージがついてしまう可能性があります。そのため、マナーとして祝い花を持ち帰る人も多いようです。名古屋などの地域では、祝い花は早くなくなった方が「縁起が良い」とされていますが、他の地域では、花を持ち帰る習慣のないところもたくさんありますので、名古屋の人は注意が必要です。

昔からの風習ですし、早くなくなった方が縁起が良いのはいいですが、「もう少し大事に持ち帰ってほしい」という、店側の声もあるようです。

偉大なる田舎説

名古屋は気候が温暖で土地も豊かなため、保守的な風土が醸成されました。つまり、都市化が急速に進んだ東京や大阪に比べると、昔からあまり変わらない風景や文化が残ってきたわけです。

そのため新しいものに対する意識が弱いともいわれてきました。都市としての規模は大きいのに「偉大なる田舎」といわれてきたのが名古屋なのです。

企業側からすると、ある程度の市場規模があり、なおかつ新しいものには慎重な名古屋で新製品が売れるかどうかを見極めることは極めて重要。そのため、全国発売に先駆けて名古屋でテスト販売をすることも多く、「名古屋で成功すると、ローカルでも成功する」というジンクスもあるくらいです。

また、この田舎説には名古屋人の「性格」が深く影響しています。役所や公的機関には低姿勢なのに、他府県の方言にやたら突っ込みを入れるようなところがあるのです。いわゆる村社会で、「権威」や「肩書」などにめっぽう弱いのです。

地名の「名古屋」に〝大〟を付けた名称が多いことも、そうした権威意識の表れでしょう。名駅前の大名古屋ビルヂングを筆頭に、大名古屋交通、大名古屋温泉（現在は廃業）などは、なぜ「大」なのか不思議です。大東京〇〇、大大阪〇〇という名称はあまり見聞きしません。

さらにいえば、言葉遣いがきれいとはいえないことも影響しているかもしれません。名古屋では未だに「たわけ」という言葉をよく耳にします。名古屋の人に言わせると、東京の「馬鹿」、大阪の「アホ」と同じようですが、初めて聞くとびっくりしますよね。また、名古屋では「ご無礼しました」も、よく使われています。仕事終わりに「ご無礼します」、お風呂上がりにも「ご無礼します」など、世代を問わず使います。よそものから見るとタイムスリップしたような感覚に陥りますね。

方言辞典で調べてみると「すみません」については、愛知県の人は「悪かったねー」というニュアンスで使うことが多いとか。「ご無礼します」は、たしかに時代劇的な感じですが、信長、秀吉、家康を生んだ名古屋らしくて悪くないかもしれません。

名古屋人の心の全国区、スガキヤとコメダ

名古屋といえばスガキヤとコメダ。名古屋にあるラーメンのチェーン店『スガキヤ』は、皆が小さい頃から食べているソウルフード。東京にも何店かあったのですが、現在は撤退しています。

地元スーパーでもスガキヤの関連会社である寿がきや食品が手掛けるカップ麺やチルド麺などを売っていますが、東京ではあまり知られていません。インスタント麺ならネット通販で購入できますし、名古屋の郵便局が「ゆうパック」で生麺を扱っています。

スガキヤのラーメンは一杯３２０円と安いのですが、個人的には特に感動するほどおいしいラーメンではありませんでした。しかし、名古屋の人にとっては、まさに定番の味なのです。

一方、喫茶店チェーンのコメダ珈琲店は、もともと名古屋市西区で個人経営の喫茶店から始まりました。創業者の実家が米店だったことからコメダと名付けられたとか。その後フランチャイズ展開を行うようになり、２０１６年には店舗数７００店に。東京証

券取引所市場第1部に上場するなど、全国区の存在になっています。

国内の喫茶店チェーン1位はスターバックス。売上高は1257億円（2014年）で店舗数は1034店。2位はドトール。売上は685億円（2015年）で、店舗数は1104店とスターバックスを上回っています。

コメダ珈琲店は店舗数ではスターバックスやドトールの約半分ですが、なんといっても名古屋の喫茶店文化そのままに「お値打ち感」のあるモーニングで全国的に人気です。開店から11時まではコーヒーなどのドリンクにトーストが付き、さらにゆで卵や小倉あんなどが選べます。もちろん1章で紹介した回数券も用意されています。

スガキヤもコメダ珈琲店も名古屋では当たり前の存在だけに、進学や仕事などで他県に行って見当たらないと、ショックを受ける名古屋人が多いそうです。コメダ珈琲店は全国区になりましたが、スガキヤは中京圏メイン。東京で「スガキヤ行こうよ」と話しても、「え?」といわれてしまうのです。

コメダ珈琲店のモーニングは全国的に知られるようになりましたが、カフェや喫茶店における「モーニング」発祥の地も「名古屋」であるといわれています。

繊維産業が盛んだった名古屋市の北西にある一宮市で、商談などのために集まる客に喫茶店がピーナツやゆで卵を付けたのがモーニングサービスの始まりだとか。これには諸説あり、岐阜の人に聞くと、「モーニングサービス発祥の地は岐阜」という人も意外に多くいました。

そもそも、名古屋を含めた愛知県は喫茶店の数が全国でも大阪に次いで2位。東京都の6688店に対し、愛知県は8986店もあるのです（経済センサス2012年）。東京のスケールでは喫茶店が多いのはわかりますが、愛知県がそれ以上に多いというのは、やはり喫茶店文化が濃いからといえるでしょう。

その上、もともと「お値打ち」が好きな名古屋人ですから、コーヒー1杯の値段でパンや卵料理、サラダなども食べられるモーニングが広がっていったのは当然なのかもしれません。最近はさらにエスカレートして、夕方までモーニングを食べられる店やおにぎり、茶わん蒸し、グラタンやうどんまで付いてくる店もあり、もはやモーニングの概念が崩壊している感じさえします。

この間も、名古屋に仕事で行った時に久しぶりにモーニングを食べようと早めにホテルを出たのは良かったのですが、コメダ珈琲の店前には結構な行列が。仕方なく別の喫茶店に入り、モーニングにありつけたのですが、こんなにサービスしてしまって赤字にならないのかと心配になりました。

お店の人に聞くと「中途半端にやめるわけにはいかないから」「昼間来てもらっているから」「みなさんが思っているほど損してない」のだそうです。

出身は愛知ではなく「名古屋」!

名古屋以外の愛知県の人は「どこから来たの?」と聞かれると、大体「名古屋から」と言います。間違っても愛知県とは言いません。どうやら、出身は愛知ですと名乗ると「あのミカンのおいしい四国の」になってしまうのだそうです。

さらには県外の岐阜や三重の四日市の人も「名古屋から」と答える人が少なくありません。もっとも、こうした現象は名古屋周辺だけでなく、東京郊外の多摩や埼玉の人も「東京から来た」と言いますし、横浜の人は神奈川とは言わず「横浜から」と話し、横浜以外の神奈川の人も「横浜から」と答えます。

これは、岐阜や三重、千葉、埼玉の人が嘘つきという訳ではなく、説明するのが面倒だからなのでしょう。しかし、横浜の人が「しょうがない」と思っているのに対して、名古屋の人は許さないところがあります。

ちなみに神戸以外の兵庫の人でも西宮や芦屋の人は、兵庫とも神戸とも言いません。プライドが高いため、「西宮」「芦屋」と答えます。

愛知県内の店を見てみると、一宮にあるのに「名古屋○○センター」とか、豊橋にあるのに「名古屋○○」と書いてあるケースも少なくありません。

それほど名古屋偏愛の強い地域なのに、不思議なことに「名古屋といえばこの曲！」というような、全国的に知られた名古屋の有名ご当地ソングがほとんどないのも気になります。

歴史をさかのぼると明治時代の１９１０年には『名古屋市歌』が、名古屋という街を歌ったものとしては恐らく初めて作られました。もっとも、この当時は各地で「市歌」をつくることが一種の流行のようになっていたようです。戦後の１９４９年にはブギの女王こと笠置シヅ子さんの『名古屋ブギー』が登場。しかしこれは、『東京ブギウギ』『買物ブギー』など一連のシリーズのひとつですから、ことさら名古屋にスポットが当たったというものでもなさそうです。

1967年には名古屋が舞台とした石原裕次郎さんの『白い街』が発売。カップリングが『東京の何処かで』となっているのは狙ったものなのでしょうか。そして1974年には、知名度でいえば最も有名な名古屋ソングである『燃えよドラゴンズ！』が登場。これはプロ野球中日ドラゴンズが読売ジャイアンツのV10を阻止して20年ぶりのリーグ優勝を果たしたのを記念して作られたものです。往年のドラゴンズ名選手の名前が入ったこの曲は現在も選手名を変えて歌い継がれてはいます。

1985年にはつボイノリオさんの『名古屋はええよ！やっとかめ』がリリース。発売当時はそれほど話題にならなかったものの、最近になってネット上で非公式のプロモーションビデオが作られたことで「復活」を果たしたようです。また、特定の曲ということではありませんが、AKB48の「姉妹グループ」第1号として誕生した、名古屋・栄を活動拠点とするSKE48も、ある種のご当地ソング的存在かもしれません。

いずれにしても情緒的な歌謡曲全盛時代にも、東京や横浜、神戸に比べると地元の曲が少なかったのは、やはり人工的な工業都市のイメージが強かったからでしょう。

エスカレーターは「歩かん」よ

エスカレーターに乗ると、急ぐ人のために片側を空けておくという暗黙のルールがあります。本来は安全のために、エスカレーターでは歩行せず手すりにつかまって乗るのが正しいのですが、なぜか東京は右側を空け、大阪では左側を空けます。しかし名古屋では〝両側とも空けない〟のです。

全国的には東京方式が主流で、大阪方式は関西の4府県と仙台のみ。広島も福岡も東京方式なのです。混在しているのが滋賀と京都。滋賀県東部の米原駅は東京方式ですが、西部の京阪電車の浜大津駅は大阪方式、京都も地下鉄は東京方式ですが、京阪電車の三条駅は大阪方式となっています（京阪電車は大阪まで乗り入れているため大阪方式）。

このようにややこしい状況ですから、エスカレーターに乗って初めてご当地のルールに気がつき、慌てて右や左に移動する人も少なくありません。

どうして、こうなってしまったのでしょうか？　１９７０年代に関西の阪急電鉄が梅田駅にエスカレーターを導入した時にあまりにも歩く人が多かったのです。なんといっても、大阪人はいらち（せっかち）ですから、じっと立っている人が少ないのです。

そこで、阪急ではパリやロンドンと同じように、歩く人は左側に、立ち止まっている人は右側に寄るようにアナウンスしたのが、大阪方式の始まりといわれています。ところが東京では、「人は右、クルマは左」にならって、逆にしてしまったのです。つまり、実は大阪方式が世界標準で、東京方式はローカルルールなのです。また、東日本では仙台だけが大阪方式といわれてきましたが、地下鉄では大阪式、ＪＲでは東京式になっています。

ところが名古屋だけは両側とも空けないため、日本中から「マナーを無視した名古屋ルール」とさげすまれてきました。私が10年ほど前に、名古屋で珍しく地下鉄に乗っていたら、歩行禁止のアナウンスがあったのを思い出します。

面白い実験があります。２０１５年、ロンドン交通局がある駅で3週間にわたって、左側を歩く人のために空ける方式と、「両側とも空けない」方式のエスカレーターの比較試験を実施したところ、左側を空けるエスカレーターが1時間に2500人の乗降客を運んだのに対し、「両側とも空けない」エスカレーターは3250人と、3割増しの数字を記録したのです。

論文ではその理由を「長いエスカレーターを歩いて上ろうとする人はあまりいないため、エスカレーターの下で右側に立つために待機する人が増加する」と分析しています。「片側空け」の起源とされるイギリスで「名古屋ルール」の方が効率的だと証明されたのです。この試験結果は世界中で報じられ、エスカレーターの乗り方に関する議論が国を問わずなされるようになりました。

東京消防庁の集計では、2011年からの3年間で、エスカレーター関連の事故によって3865人が救急搬送されているそうです。そうしたこともあり全国の鉄道事業者や空港などでは、エスカレーターでは「両側に立って乗り、歩かない」ことを呼び掛けるようになりました。

両側ともに空けない乗り方は「名古屋ルール」と揶揄されてきましたが、名古屋では工業が発展し、無駄を徹底的に省くという、トヨタのカンバン方式なども生まれた土地。つまり名古屋人には情ではなく、道理で考える文化があったため、東京方式にも大阪方式にも習わない独自の合理的なエスカレーターの乗り方が生まれたのだと、名古屋の有名パーソナリティー・つボイノリオ氏も溜飲を下げているようです（週刊ポスト２０１６年９月９日号）。

交通事故でも不名誉記録の車社会

名古屋は車社会です。自動車の保有台数も、愛知県は５１３万５４４２台で1位。中心部に「１００ｍ道路」（幅が１００ｍ）と呼ばれる立派な道路があるほど、市内の道路がしっかりと整備されていることからも明らかです。さらに、都市高速のほか、東名・名神などの高速道路が充実。周辺地域に延びる幹線道路も発達しており、自動車での移動がとてもスムーズにできます。

もちろん、中心部での移動は、地下鉄やバスなどを利用する方が楽な場合もありますが、日常生活に欠かせないショッピングセンターなどの商業施設は郊外に進出していることが多く、普段の買い物などの場面では自動車の方が格段に便利。

そして、車社会名古屋と切っても切り離せないのが、トヨタ自動車を中心に発展してきた自動車産業の存在です。トヨタだけでなく、その関連企業がひしめいている地域ですから、自動車が主要な交通手段となっているのは当然のことといえそうです。そんな名古屋ですから、新築一戸建てを購入する場合は、2台以上の駐車スペースがついている場合が多いです。

歴史的にも家康が最も力を入れたのが「五街道」などの道路整備。名古屋が江戸時代に栄えたのは街道のお陰だったといわれています。

しかし、いいことばかりではありません。自動車を利用することが多くなれば交通事故も増加します。

2015年の交通事故発生件数は全国で53万6899件でした。都道府県別に見てみると、最も多かったのは、愛知県で4万4369件でダントツ。次いで大阪府の4万6907件、福岡県の3万9734件と大都市が続きます。東京都は3万4274件で4位。

人口の割にこの順位で収まっているのは自動車より電車やバスの利用が多いからでしょう。

２０１５年の交通事故死者数は全国で４１１７人。こちらもワースト1位は愛知県で２１３人、２位は大阪府で１９６人、３位は千葉県の１８０人。ちなみに東京都は８位で１０１人でした。名古屋を含めた愛知県の交通事故死者数ワースト１の不名誉な記録は２０１５年で13年連続となっています。

いくらクルマ社会だからとはいえ、やはりイメージは良くありません。

じゃんけんは「ピー」を出すで

名古屋では、じゃんけんをするとき「グー、チョキ、パー」ではなく、「グー、ピー、パー」になります。「グー」「パー」は全国と同じなのですが、「チョキ」を「ピー」というのです。名古屋弁で言うと「グッ、ピッ、パー」です。

「グー、チョキ、パー」式のじゃんけんは日本だけでなく世界的にも普及しています。

アメリカなどでは「ｒｏｃｋ（岩）」「ｐａｐｅｒ（紙）」「ｓｃｉｓｓｏｒｓ（ハサミ）」、イギリスなどでは「ｒｏｃｋ（岩）」の代わりに「ｓｔｏｎｅ（石）」といっています。世界的に見てみると、この「石、ハサミ、紙」が一番多く使われているようです。

ところが名古屋市の河村市長に言わせると、「じゃんけんのグー、ピー、パーは、これが標準的なもので、チョキのほうが異常やと思うてます」だとか。

ちょっと待ってください。

これには納得できない他地域の人もたくさんいるでしょう。何かを指摘されると、「こうだから」と言い切ってしまっては「やっぱり名古屋人は上から目線」と言われても仕方ありません。ここは少なくとも、工業都市として発展してきた地域なのですから、論理的に説明してほしいところです。

そもそも「ピー」とは何なのか？　名古屋人に尋ねても「昔からピーと言ってるから」ということのようです。「チョキ」を「チー」や「キー」と呼ぶ地域もあるのはなんとなくわかる気がしますが「ピー」は本当に謎ですよね。

おまけ大好き名古屋人

名古屋の「モーニング文化」でも触れましたが、名古屋の喫茶店ではコーヒーにピーナッツなど豆類のおつまみがついてくることがあります。これは戦後に「ピーナッツのおまけ」から始まったのだとか。

その理由を調べてみると、コーヒーに合うからという理由ではありませんでした。まず、当時名古屋ではピーナッツが安く手に入ったからだという説（トッピーネット）がありました。

もうひとつは説得力があります。当時、ピーナッツの薄皮をむく自動脱皮機が開発され、ピーナッツメーカーの生産力が10倍にアップしたので、従来の取引先の菓子店に加えて、当時開店ラッシュでどんどん店が増えていた喫茶店に売り込みを図ったという説です。

安く手に入ったから売ってしまおうというのは、いかにも名古屋らしい理由です。おまけ好きの名古屋人ですから、どうせコーヒーを飲むならピーナッツのおまけがある喫茶店に流れて行ったはず。拡散するスピードは速かったと思われます。

また、名古屋の喫茶店のコーヒーは苦味とコクが強いため、ピーナッツの塩気で味わいがマイルドになり、互いに相乗効果をもたらしたともいわれています。このおまけにより、名古屋っ子はコーヒーを飲む際に何かをつまむというクセができてしまい、家庭でもコーヒーを飲みながらボリボリとおつまみを食べる人が名古屋には多いのだそうです。

話は飛びますが、名古屋では新聞の夕刊を取らない人が多いのです。どうしてかというと、折り込みチラシが入っていないからなんだとか。これは、静岡の浜松も同様です。浜松もオマケ好きなので、夕刊を取る人が少なく、餃子ではオマケのもやしのあるお店が人気でした。

もやしがつくようになったのは、昔、餃子をフライパンで焼いていた時に、真ん中が空いてしまい、格好がつかず、茹でたもやしを真ん中に入れて出したのが始まりだといわれています。浜松餃子ももやしのおまけがあるお店が拡散していき、いつしか定番になっていったようですね。

「チューブ入り味噌」さえあれば満足

名古屋といえば味噌。「どの家庭にもチューブ入り味噌が常備されている」ということろからも、なんでもかんでも、味噌をつけるという名古屋の食文化がうかがえます。

チューブ入り味噌の代表的なメーカーのひとつ、ナカモ株式会社は、愛知県清須市に本社を置く味噌製造・調味料メーカー。地元の多くの家庭で愛用されている名古屋名物『つけてみそかけてみそ』を製造しています。

ナカモは1830年に名古屋城の近くで、中島屋茂兵衛が糀製造販売を行ったのが始まりだそうで、通常のみそのほか、田楽味噌や味噌かつのタレなどの合わせ味噌の販売を手掛けています。特に1994年に発売した汎用の合わせ味噌『つけてみそかけてみそ』は年間で約100万本を売り上げる人気商品で、同社の売上の約3分の1を占める主力商品となっています。

名古屋市熱田区に本社を置く調味料メーカー、イチビキ株式会社も有名です。どちらもテレビコマーシャルなどで、長年アピールし続けているのですが、名古屋土産として定番になっているのはナカモ。実際にスーパーでよく買われて地元民に定番になっているのはイチビキです。

ただ、チューブ入り味噌に関してはナカモの方がイメージが強く、ネーミングの良さからも、チューブ入り味噌の代名詞になっているようです。

名古屋人にいわせるとチューブ入り味噌は本当に何にでも使えるようで、とんかつ、串カツ、おでん、キャベツの千切りなどに使うとか。ただ、他地域の人からすると「とんかつ、串カツ、おでん、キャベツの千切りはわかるけど、おでんはイメージしにくい」とも。

ですが、おでんの大根は、味噌をかければ立派なおかずに変身するのです。ライスの上にのせれば、さらにおいしくなり、味噌カツがご飯に合うように、味噌をかけた大根もご飯に合うのです。

そもそも「味噌だけご飯にかけてもうまい」と名古屋人は味噌を絶賛。名古屋人と味噌は切っても切れない関係にあるようです。

『でらうま』が最高だで！

一昔前、ある商社が新しいジュースを発売しました。全国的には順調に売れたのですが、どういうわけか、名古屋だけは売れません。そこで、担当者は名古屋に出向いて喫茶店やレストランを回り、ひどく驚かされたそうです。

どの店のジュースもサラっとしておらず、ネットリというか、ドロっとしていたからです。今でいうとネクターのような感じだったのでしょう。

「これでは、うちの商品は売れない」ということで、ドロっとした飲み心地のジュースにチャレンジし、果汁の絞り方など散々工夫して名古屋で販売したのですが、結局はうまくいきませんでした。

この話で思い出したのがキリンビールです。名古屋の方なら覚えている方も多いでしょう。1992年、キリンの名古屋工場30周年を記念して愛知、三重、岐阜の東海3県限定でキリン「名古屋工場」が春・秋2回に渡り醸造・発売されました。金の鯱を思い起こさせるゴールドの缶に筆文字で「名古屋工場」としたためられた、いかにも名古屋らしいデザインの缶ビールでした。

その後、同じく愛知、三重、岐阜の東海3県限定で発売されたのが『でらうま』という缶ビール。言うまでもなく「どぇりゃあうまい」という意味です。当時、キリンの人に『でらうま』が飲める居酒屋さんに連れて行ってもらいました。やや極端ですが「ドロっとしたビール」だったように感じました。

どうやら、この一連の名古屋ご当地ビールの印象は地元のビール好きには強いらしく、今でも「しゃびしゃびの薄いビールなんかいかんなぁ」という人は少なくありません。

濃い味のビールとくれば、やはりこってりしたものが食べたくなるのが人情というもの。そのせいか、外食で中華を食べる世帯あたりの年間支出金額1位（政令都市52都市中）は名古屋の9013円（厚生労働省2013～2015年）でした。つまり、名古屋人は日本で一番中華料理を食べているのです。

2位は中華街のある港町神戸で7501円、3位岐阜7460円、4位横浜で7344円ですから、名古屋の突出ぶりがよくわかります。中華料理にはなくてはならない調味料である甜麺醤《テンメンジャン》は中華甘味噌とも呼ばれ、日本の豆味噌である八丁味噌に似た調味料。

それだけに八丁味噌好きな名古屋市民は親しみを感じるのかもしれません。

　また愛知県人は、野菜の摂取量が男女とも最下位です（厚生労働省国民健康・栄養調査2012年）。野菜の生産額では愛知県は全国5位。トマトジュースやケチャップで有名なカゴメの御膝元でもあります。それなのになぜ、名古屋人や愛知の人は野菜嫌いなのでしょうか？

　その理由は裏付けるデータはありませんが、名古屋人は「はっきりした味が好き」という嗜好も影響しているようです。野菜はそもそも味があまりないため、野菜にお金を使うぐらいなら、肉や魚などを食べたいという意識が強いのでしょう。また、車社会の名古屋では外食の機会も多く、そうなると必然的に野菜料理を食べる機会も少なくなるということもあるようです。

赤茶色に支配される中部エリア

濃い味が特徴の「名古屋めし」はほとんどが茶色。実は、その色には秘密があります。

東京から名古屋まで新幹線に乗って外を見ていると、何か気が付きませんか？そうです。愛知県に入ると茶色いマンションが増えるのです。第1章で芳原信さんの持論を引用しましたが、実は太陽が地面に降り注ぐ角度や距離が異なることで、太陽光線の強さが変わり、光が強い南日本ではやや赤みがかった光、弱い北日本ではやや青みがかった光となっているのです。このため、太陽光線が強い地域では赤はより鮮やかに、弱い地域では、青はより鮮やかに目に映ることになります。

その結果、中部エリアで好まれるのはレンガ色、ディープ・ワインレッド、メタリック・ゴールド。日頃から、そうした色に囲まれているためなのか、多くの名古屋めしが茶色がかっているのかもしれません。

しかしあるドクターに言わせると、「食卓の料理の色は茶色が一番体に良くない。お弁当も同様。茶色は、油もののフライの色。茶色一色の食卓は野菜摂取が足りていない証拠」だとか。

名古屋めしもやはり健康志向の時代には何か工夫が必要でしょう。

名古屋で生き抜く処世術

もし、みなさんが名古屋の会社で働くことになったり、名古屋の取引先とビジネスをすることになった時は覚えておいた方がいいことがいくつかあります。

まず、名古屋の男性上司は保守的なので、前任者のやり方をそのまま踏襲する傾向があります。基本的には真面目でおだてには乗りません。ただし、お中元お歳暮の効果は大。一方、名古屋の男性部下は何ごとにも合理的。仕事は真面目に取り組みますが、微妙な空気が読めないのが欠点。「そこは、空気を読んでやっておいてくれないかな」ということも、何も言われなければやる必要がないと判断してしまう傾向があります。

部下の実力を発揮させるか否かは上司次第ですので、リーダーシップを発揮して厳しく指導することが必要です。

口酸っぱく言いますが、名古屋人は食の嗜好が独特です。同僚とランチする場合も注意が必要。最初は戸惑うかもしれませんが「そんなのおいしいんですか？」というような否定的な言葉は絶対にＮＧです。ファミレスのドリンクバーなどでは、不思議なミックスドリンクを作って飲む人が少なくありませんが、決して引く素振りは見せず、そういう嗜好だと思って付き合うのが賢明です。

基本的には、よそものに限らず安易に人を信用したり打ち解けたりしない傾向があるため、一緒にお酒を飲んでもすぐに仲良くなるとは限りません。無駄遣いも嫌いなので、浪費話もあまりしない方が良いでしょう。

名古屋の女性上司は、何ごとも簡単にあきらめないし、弱音を吐きません。包容力はありますが、仕事の評価は厳しいです。

女性の部下は忍耐強いしっかり者。勤勉でコツコツ仕事に打ち込みます。上司の言うことにも素直。いい仕事をした時は、みんなの前で誉めるのを忘れずに。あんこ好きなので「あんこのおいしい店」の情報などを調べておくといいでしょう。

一筋縄にはいかないのが、名古屋の取引先です。東京のお客さんなどは、多少値段が高くとも「これだけの価値があります」ということを説明して納得してもらえれば、そのまま取引が成立することもありますが、名古屋のお客さんの場合はそうはいきません。

極端な言い方をすれば、価値を説明して納得してもらうことに労力をかけるよりも、値段を安くした方が手っ取り早いのです。

名古屋人にとってコストダウンのアイデアを練るのはお手の物。ビジネスにおいては徹底的に値切り交渉をするのが名古屋人なのです。また、名古屋のお客さんは、何度足を運んでも何を考えているかわからないようなところがあります。

こちらがコミュニケーションを取りたくても、容易にはこちらを向いてくれないのです。転勤で挨拶に行っても「こちらの前はどこでした？」というようには話してくれない人が多いのも名古屋の特徴。そこで心が折れていては、名古屋でのビジネスはできません。

さらに、お金に細かい尾張名古屋のお客さんは、「見積もり段階、請求書段階、支払い時」のトリプル値切りは当たり前。加えて納品時の4回値切りをする強者もいるほどですから、要注意。もちろん、それを見越した見積書を提出するのが「できる営業マン」であるのですが……。

しかし、そこまでやったとしても、さらに上を行くのが名古屋のお客さん。高そうなスーツを着た営業マンに対しては、さらに「値切り交渉」が激しくなる傾向もありますから気をつけて。「高そうなもん着とるから、もうかっとるでしょー」と叩きに来ます。リスクが感じられるものには絶対に手を出さない名古屋人。裏を返せばケチで超現実主義。他人を信用しないので、ビジネスでも新規取引には時間がかかると覚悟しましょう。

ちなみに名古屋で新聞といえば『中日新聞』。名古屋人の多くが中日以外の新聞があるとは思っていないし、「日経の情報では」と言っても、ビジネスでは信用されないので注意しましょう。中日新聞の特徴は、当然といえば当然ですが、地元情報とドラゴンズネタが豊富なこと。

また、ドラゴンズファンの多い名古屋では『中日スポーツ』との併読がおすすめです。取引先の会話でも頻出する、「新聞に出てたがね〜」は、中日新聞、中スポ掲載ネタ。これを読まずしてビジネスは成り立たないと考えてください。

第4章　それでも実はすごい名古屋

住む視点で見た名古屋のすごさ

「最も魅力に欠ける都市」「買い物や遊びに行きたくない街」第1位の名古屋ですが、地元の人は「これが『住みやすい街』だったら名古屋は上位必至なのに」と思っているのではないでしょうか。

名古屋市が行っている「名古屋の魅力・住みやすさについて」の市政世論調査（2016年）でも「名古屋は住みやすい」と思っている人が9割いたことはお伝えしましたが、本当のところはどうなのか？　大阪と比較して確認してみましょう。

まずは住宅の価格です。名古屋市では近年、名古屋駅の東側、名城線が通る辺りのエリアがマンション立地として人気です。名古屋駅とその周辺の繁華街に短時間でアクセスが可能なことから、多少古いマンションであっても価値が下がりづらく、非常に人気があるのです。

名古屋の新築一戸建ての相場は3432万円（アットホーム）。対して大阪市は3264万円と名古屋の方が200万ほど高いのです。中古の一戸建ては、名古屋が420

8万円、大阪は2626万円と大きな差がつきました。名古屋で新築一戸建てより中古一戸建ての方が高いのは、中古物件の立地と築年数の浅さが関係しているようです。

中古マンションでは、名古屋は2181万円で大阪は2673万円ですから、こちらは逆に大阪の方が高くなっています。名古屋の中でも千種区や天白区、昭和区などにマンション物件が多く見られます。間取りは3Kや3DK、3LDKのファミリー用の広さのマンションが多く、価格帯は1500万円~2500万円が比較的多い傾向にあります。

一見すると築年数15年以上20年未満のマンションが目立ちますが、築年数の浅いマンション物件も多いことが愛知県の特徴だそうです。例えば築年数10年未満のマンションだと、2000万円~3000万円の価格帯の物件が多く、名古屋駅徒歩10分以内の物件も多数見つけることができます。

昔から、名古屋は一戸建て神話のようなものがあり、マンションは余程の立地の良いところしか造られませんでしたが、これだけ増えたのは大都市の証しかもしれません。

世帯当たりの課税対象額（2015年）を見ると、最も所得が高いのは東京都の42

4万円ですが、2位は愛知県で394万円、大阪府は28位で290万円でした。東京との差はわずか30万円ですが、大阪との差はほぼ100万円もあります。愛知は住宅費用にはお金はかかりますが、その分所得も高いところなのですね。

地価は地域の評価額ともいえます。大阪より名古屋の方が地価が高いということは、評価が上ということになります。これを見ると「東名阪」という言葉からまさに「東＞名＞阪」になりつつあることがわかります。

車社会の名古屋ですが、地下鉄での移動も便利です。東京、大阪にはかないませんが、6路線あり、札幌や神戸、京都を大きく引き離しています。

また、商業施設も意外と充実。名実ともに中京圏の商業の中心地であり、栄、名駅、大須、金山など市外、県外からの集客力もある商業地帯があります。

近年、一部の大都市を除く多くの商店街がロードサイドショップの進出等によって「シャッター通り」と呼ばれるような空洞化にあえぐ中、名古屋は賑わい活気のある市街地が多いといっていいでしょう。百貨店も松坂屋、三越、丸栄、名鉄百貨店で4Mデパートと呼ばれます。最近ではこれにタカシマヤを入れて4M1Tとも呼ばれます。

２０１５年の年間売上高はタカシマヤが首位で以下、松坂屋、三越、名鉄百貨店、丸栄と続きます。

こうして概略だけを追ってみても、名古屋は「住みたい街」として人気が高く、それ故地価も上昇。街にも活気があり、だからこそ住みたい街として魅力的という好循環を生んでいる一面も、たしかにあるのです。

航空宇宙産業の一大拠点へ！

トヨタ、デンソー、カゴメ、ＩＮＡＸ、メニコン、シャチハタ、日本ガイシ、ノリタケ、リンナイ、ブラザー工業……みんな名古屋の企業です。名古屋市の上場企業１４４社は、大阪市の３６３社と比べると大きな開きがあるようにみえますが、トヨタを中心に自動車産業に加え、幅広い業界のメーカーが集積。その上、各業界のトップクラスが並んでいるのです。

中でも注目されているのが、航空宇宙産業です。国産初の小型ジェット旅客機初飛行が話題になった「ＭＲＪ（三菱リージョナルジェット）」も三菱航空機・三菱重工業の小牧南工場で、最終組み立てが行われています。

２０１１年12月には、名古屋市を含む愛知、岐阜地域が国際戦略総合特区「アジアナンバーワン航空宇宙産業クラスター形成特区」として指定されました。２０１３年10月には三重、２０１４年6月には長野・静岡までエリアを拡大し、中部地域の総力を結集してアメリカのシアトル、フランスのツールーズと肩を並べる航空宇宙産業の世界三大拠点となることを目指しています。目標はアジア最大最強の航空宇宙産業クラスターを形成すること。

では、どのような産業のメーカーが名古屋にあるのでしょう。具体的にまとめてみました。

自動車産業→トヨタ自動車、三菱自動車、本田技研工業
工作機械→ヤマザキマザック、オークマ、ＪＴＥＣ、森精機
ガス機器→パロマ、リンナイ
陶磁器→ノリタケカンパニーリミテド

絶縁体、パソコン部品、携帯電話部品→日本ガイシ
便器、タイル→ＩＮＡＸ（ＬＩＸＩＬ）
航空宇宙産業→三菱航空機
鉄道車両→日本車両
地デジチューナー、アンテナ→マスプロ電工
ミシン、ファクシミリ、カラープリンター、カラオケ機器→ブラザー工業

名古屋の企業は組織運営も堅実です。その昔、デンソーが発行している全社員向けの四季報のようなものを見せてもらったことがあります。

１年間、あるテーマを決めて（その時のテーマは企業ＤＮＡ）発刊するのですが、毎年、色々な部署の人が集まって作るのだそうです。私のところにも「企業ＤＮＡが形成される背景を探る」ということで話を聞きに来られ、県民性の話をしました。

その時、こんな話を聞いたのです。「うちは、人事異動で設計の課長が人事の課長になったりするのです」と。営業マンが北海道から福岡に異動になるのとはわけが違いま

す。今まで設計の仕事をしていた人が明日から人事の仕事をするのですから、これは大変でしょう。私が驚くと、その方は平気な顔で言うのです。

「そんなことはないですよ。部下が成果を出せるようにきちんとマネジメントすれば良いだけですから」と。私もいろいろな企業と仕事をしましたが、そこまでダイナミックな人事をやっている企業はそうはありません。

さらには気配りも名古屋流です。以前、トヨタレンタリース各社の社長に講演してほしいという話が来ました。講演の期日が近づくと封書が届いたのです。そこには詳細なスケジュール表がありました。

○時○分、矢野先生東京本社に到着、○時○分、先生○○応接室に、○○常務とご歓談、○時○分、先生会場入り……と分刻みのスケジュールになっていたのです。その時は講演の後、名古屋に行く予定が入っていたので、そうした細かなスケジュール管理をしてもらったことがありがたかったのです。

私は「さすが、トヨタグループだ」と、講演前に、応接室で最後の1本になったハイライトを吸いながら考えていたところでした。そして講演後、応接室に戻ったところに常務が来られて私にこう言ったのです。

「先ほど、最後のハイライトを吸われていたので」と1カートン頂きました。また、トヨタの第1号車レプリカのライターは「これから名古屋に行かれるようなので、先生の事務所に送っておきますから」とも。

この細やかな気配りがトヨタを大きくしているのではないかと思ったものです。

数百年受け継がれる家康の教え

名古屋人と歴史の話をしていると「信長、秀吉、家康、みんな名古屋だがね！」と、名古屋が誇る「三英傑」の名前が出てきます。「三英傑」とは、言うまでもなく織田信長、豊臣秀吉、徳川家康と戦国時代の代表的な人物のこと。

ここでは、この3人が三英傑と呼ばれるまでになった由来と、名古屋人に与えた影響を検証しておきたいと思います。

そもそも三英傑を輩出した尾張の地が歴史の重要な舞台となった要因は、東海道、中山道（戦国時代は東山道）、北国街道、の交わる場所だったため、東西の文化、産業、情報をいち早く知ることができたからです。つまり、天下を取るためには必ずこの尾張を通らないと京に上洛できないという背景があったのです。

信長は天下統一の時機が近いことを見通し、鉄砲を用いた先進的な戦略と先見の明によって、個性豊かな武将たちをうまくまとめて配下にし、天下統一を成し遂げました。その中には知力と謀略に優れた豊臣秀吉のような武将や、戦いの恐ろしさを一番よく知っており、後に徳川家15代まで続く安定政権を作り上げた徳川家康がいました。

それもすべて尾張という土地が文化、情報の交差点であり、それが、三英傑を育てあげたといっても過言でないと思われます。ただし、〝三英傑〟という言葉を使っているのは名古屋人だけでしょう。

この三英傑が登場するのが名古屋まつりです。名古屋まつりは、１９５５年（昭和30年）に始まった名古屋の秋を彩る最大の祭り。祭りのメインとなる豪華絢爛な行列では、織田信長、豊臣秀吉、徳川家康が約６００人を従えて行進する郷土英傑行列があります。

中でも、名古屋人に最も影響を与えたのは、何といっても徳川家康でしょう。

家康（竹千代）は1542年12月26日に岡崎城で生まれます。父の松平広忠は三河を支配していましたが、東の今川義元と西の織田信秀（信長の父）に挟まれ、三河領国はどちらに占領されてもおかしくない状況でした。

そんな中、1547年、織田信秀が大軍を岡崎に送って総攻撃の動きを見せると、広忠は今川義元に援軍を求めます。義元は人質を要求し、広忠は6歳になった竹千代を駿府に送ろうとしました。

ここで広忠は裏切りに遭います。竹千代護送役の戸田康光が、銭千貫文で竹千代を織田信秀に売り飛ばしてしまったのです。その後、竹千代は名古屋の織田家の菩提寺である万松寺に預けられ、この寺で2年あまりの人質生活を送ることになります。

こうして幼少期を見るだけでも、実は家康は波乱万丈だったことがわかります。その影響からか、大変な倹約家だったそうです。大勢の大名のいるところで、風に飛ばされた一枚のちり紙を懸命に追いかけたというのは有名な話です。

家康が今川氏の人質になっていた年少の折、岡崎に残った家臣たちは今川にこき使われ、年貢の大部分を今川に納めなければなりませんでした。そのため家臣たちは百姓に混じって野良仕事をするなど、経済的に大変な苦労をしていたのです。それを知っていた家康は質素倹約を良しとする精神が染み付いたといわれています。

岡崎城にいた頃、家康は夏場はたいてい麦飯ばかりを食べていたそうです。ある時、家臣が気を利かせて飯椀の底に白米飯を入れ、その上に麦飯をかぶせて家康に出しました。すると、これに気付いた家康は「お前は主の心がわからないのか。ワシはケチで麦飯を食べているのではない。戦乱の世にあって、自分だけがどうして贅沢できようか。主が進んで倹約すれば、いくらかを戦費にまわせるし、百姓たちも労わることができよう」と叱ったといいます。

そんな家康ですから、下帯も汚れが目立たないように、黄色っぽいもえぎ色のものを着用していました。それならば頻繁に洗濯しないで済むという発想です。小袖などの普段着も、新しいものは滅多に下ろさず、ボロボロになるまで洗濯させていたそうです。

これを見かねた側室の一人が、新しい着物はいくらでもあるので着るよう進言すると、家康は「天道は贅沢を最も嫌う。倹約は天下のため、子孫のため」と取り合わなかったのだとか。また、身分不相応な華やかな小袖を着た家臣を、贅沢の風潮をつくる恐れがあるという理由で蟄居させたこともありました。

こうした家康の倹約思想は現代でも生きています。3章で紹介した「名古屋でビジネスをするなら、いかにも高級そうなスーツを着てはいけない」というのもそのひとつ。そんなことをすると「高そうなもん着とるから、もうかっとるでしょー」と値引きの材料にされかねません。

東京では、江戸時代や戦国時代の歴史思想をビジネスや日常生活で実感することはあまりないことですが、名古屋では今も随所で垣間見《かいまみ》られるのです。

世界的アスリートを数多く排出！

伊藤みどり、浅田真央（フィギュアスケート）も、オリンピックの金メダリスト・中山彰規（体操）も、伊藤幸子、馬淵智子（ソフトボール）も金田久美子、塩谷育代（ゴルフ）も名古屋で育った選手。

名古屋がすごいのは、世界に通用するアスリートを多く輩出しているところでしょう。

最も多かったのはプロ野球で23人（故人、引退者も含む）。2番目が、いかにも名古屋らしいフィギュアスケートで浅田真央など11人。3番目に多かったのがボクシングで田中裕士など9人、4番目が大相撲の8人、他にもプロレス、サッカー、ゴルフ、スピードスケートなどがあります。

女性はなんといってもフィギュアスケートが多いです。いっそのこと「フィギュアスケートシティ名古屋」とアピールしてはどうかと思うほど。男性は野球と相撲、プロレス、格闘技の順ですが、相撲、プロレス、格闘技はひとくくりで格闘技とみると、ちょうど野球と同じ数になります。

全国的にみても、名古屋は格闘技選手が特に多いようです。アクション映画が好まれることから考えても、人気格闘技まんがやアニメに影響を受けアクション映画にも触発され、相撲、プロレス、格闘技の道に進むのではないでしょうか。

また、名古屋人の「手に職」へのこだわりもアスリート王国構築に一役買っているかもしれません。名古屋人は食いっぱぐれのないような手堅い人生設計を描き、子供の頃から英語教室、スポーツ教室に通わせて能力を伸ばします。習いごとに高いお金を払いますが、学校は公立が当たり前。専門課程を置く高校が多いのも「手に職」へのこだわりなのです。

6名の「ノーベル賞」受賞者を生んだ名古屋大学

名古屋大学は、1871年(明治4年)に当時の名古屋県仮病院・仮医学校からスタートしています。その後、1939年(昭和14年)には名古屋帝国大学として全国で9番目(内地では7番目)に設立され、内地外地を通じた「最後の帝国大学」として知られます。

名古屋帝国大学創設当初は医学部と理工学部の2学部のみを設置していましたが、1942年には理工学部を理学部と工学部に分離。工業都市だけあって、理数系の学部が最初に設置され、1948年には、法経学部と文学部の2学部が設置されています。

1949年に名古屋大学(新制)となり、教育学部、農学部、情報文化学部等の学部や大学院研究科および附属研究教育施設を順次設置し続け、2004年からは国立大学法人名古屋大学になりました。２０１７年現在、９学部・14研究科・３附置研究所を擁しています。

この名古屋大学のすごいところは関係者に６名のノーベル賞受賞者がいることです。最近では、２００８年の益川敏英さん、２０１４年の赤崎勇さん、天野浩さんがいます（いずれも物理学賞）。ノーベル賞というと東大、京大の話が中心になりますが、名古屋大学も健闘しているのです。

上海世界大学学術ランキング（ＡＲＷＵ）では、名古屋大学の順位は２０１６年が第72位と、国内第３位。２０１６年の入学者は男子が１５１０人で女子は６８７人。東京大学では全体の約２割にとどまっている女子学生数を増やそうと家賃補助を打ち出したことで賛否両論が起こりましたが、その点で名古屋大学は女子比率も比較的高いのではないでしょうか。

入学者のうち東海４県出身が71・51％（１５７１人）を占め、愛知県出身者に限っても51・57％（１１３３人）と過半数を超えています。次いで多いのは北陸・甲信越出身者で８・24％（１８１人）関東出身者が６・10％（１３４人）、関西出身者が６・01％

（132人）になっています。

先日、名古屋大学に行った時に最寄り駅に地下鉄が止まると、ほとんどの人が下車する光景を目の当たりにしました。ちなみに名古屋大学駅は駅そのものが大学構内にある珍しい駅です。

最近の地下鉄では「エスカレーターは歩かないで」と呼びかけていますが、名古屋大学駅のエスカレーターは完全に東京方式。つまり右側を歩く方式で、かなりの人が歩いていたのです。その時は静岡や首都圏からの入学者が多いのでは？　と思っていたのですが、それほどでもないのですね。

「みんなの大学情報（2016年）」によると、名古屋大学の偏差値は62～75。これは全国で8位、国立大学で7位。東大は70～79とちょっと差はありますが、阪大は63～76ですから1ポイントの差です。最も高いのは医学部で75、次いで経済が68、農学部、文学部が67でした。

名古屋大学の紹介では校風についてこんな風に書かれています。

〈名古屋大学は、愛知県に本部を置く国立大学です。通称は「名大」。2000年に制定された「創造的な研究活動により真理を探究し、世界有数の知的成果を産み出す」「自発性を重んじる教育実践により、論理的思考力と想像力の豊富な勇気ある知識人を育てる」を基本目標として高く掲げています。21世紀に入ってから、日本人ノーベル賞受賞者13名のうち、名古屋大学関係者が6名受賞していることから、世界的にみても、名古屋大学の研究力が非常に高いことがわかります。キャンパスは東山キャンパス、鶴舞キャンパス、大幸キャンパスの3つ。「自由闊達」な学風を伝統としている大学です〉

東大・京大などのブランドの前ではどうしても地味なイメージがありますが、名古屋大学はすごい学校なのです。

名古屋大学出版会の隠れた実力

名古屋大学出版会は、名古屋大学をはじめ中部地方の各大学における研究成果である学術図書の刊行を行い、中部地方の、さらにはわが国の学術文化の振興に寄与することを目的として、1982年6月に任意団体として設立、その後1985年に財団法人となり、現在に至っています。

・大学における研究成果を表現した優れた学術書の刊行
・質の高い教科書の出版
・研究成果の普及を図る啓蒙書ならびに教養書の刊行

この三本柱を主軸に、幅広く出版活動を行なっています。やみくもに堅い研究成果をそのまま出版するのではなく、社会に開かれたものとすること、さりとて流行にとらわれるのではなく、これまで誰も手をつけてこなかった重要なテーマを形にしています。執筆者とともに、出版物のコンセプトや構成などをトータルに吟味し作っていくことで、質の高い書物を世に送り出しているのです。

研究書・大学教科書（単著・共著・翻訳）を中心に、２０１６年1月末現在で出版点数は８２８点、受賞点数は１５３件に及ぶなど、編集には定評があります。この点数は東京大学出版会には及びませんが、国内トップクラス。

東京の図書館に勤める人たちに聞いても、名古屋大学出版会の翻訳はレベルが高いという話です。

80年の歴史を持つモダン市役所

先日、名古屋市役所に行ってきたのですが、建物の前に立ってビックリしました。とても市庁舎とは思えなかったからです。まず気になったのが、建物の古さ。後から調べたところ、1933年（昭和8年）の竣工ですから80年以上も経っているのです。他の政令指定都市の市庁舎と比べると地上5階、地下1階の建物は規模も小さく、230万人都市の市庁舎には見えなかったのです。

喫茶室でコーヒー（230円）を飲んで図書室に行きました。こちらも、お世辞にも広いとはいえませんが、スタッフの男性は親切。調べものをしてから外に出て、もう一度じっくり建物を眺めると、中央にそびえる時計塔がいかにも特徴的です。二層の屋根を配した塔の頂上には、四方にらみの鯱をのせ、名古屋城との調和を図った意匠となっているそうです。

竣工当時、市庁舎としては突出した規模を誇り、地元特産のタイルを駆使した壁面で独創的な意匠を創り出しました。恐らくその頃としては非常に斬新でモダンな市庁舎だったのではないでしょうか。

内部は日本の伝統的な意匠を巧みに織り交ぜ、西洋的な建築様式に日本的な要素を取り入れた昭和初期の記念碑的庁舎建築として高く評価され、2014年12月には隣接する愛知県庁本庁舎とともに、国の重要文化財に指定されました。

玄関ホールの柱や階段手すりには山口県産の「小桜」という、現在では稀少な大理石が使われています。この大理石は国会議事堂に使われた余材で、この石を使っているのは国会議事堂とこの庁舎だけといわれています。

名古屋市庁舎は、地上5階、地下1階で、建築面積は4496平方メートル、延床面積は2万4404平方メートルです。これだけでは広いのか狭いのかわかりませんので、同じ愛知県の春日井市役所と比べてみましょう。

春日井市役所庁舎は延べ床面積約4万2400平方メートル。12階建ての北館と4階建ての南館からなり、北館は約53メートルの高さがあります。

名古屋市庁舎は人口228万人で延床面積は2万4404平方メートル、対して、春日井市の人口は31万人で、延べ床面積約は4万2400平方メートル。春日井市役所は人口が名古屋の13％しかいないのに、広さは1・7倍もあるのです。どちらが狭いのか逆に広いのかは疑問ですが、私が育った横浜市庁舎をみると、どうみても名古屋市庁舎が狭いと感じてしまうのです。

建物面積が狭いのですから、当然事務スペースも狭くなると思うのですが、それでも市政に影響ないのは名古屋人の合理的な運営方法があるのでしょう。

また、昔の建物を使い続けているのは、なるべく長く使おうという勤倹貯蓄の尾張藩の伝統が息づいているからかもしれません。

こんなものまで名古屋発祥⁉　その①

保守的で新しいものは苦手というイメージがある名古屋ですが、新しい文化の発祥の地でもあります。中には「こんなものまで⁉」という意外なモノもちらほら。

そのひとつがまんが喫茶です。2000年頃から、異業種が参入してきたことで大型化が進み、従来通りのまんが中心の店と、TV、DVD、ゲーム、ネットなど全席にモニターが設置してある店に分かれました。

１９７９年（昭和54年）、まんが本の品揃えをウリにした喫茶店が登場し、その後全国に広がっていきました。そのため、名古屋と東京は、まんが喫茶の先進地区と言われるようになったのです。東京は大学や専門学校が多い学生の街でもあり、まんが喫茶先進地区というのは当然でしょう。

一方の名古屋は、1章でも紹介してきたように喫茶店の多い街。競争も厳しく、他店と差別化しなければ生き延びていけない土地柄です。そのため、まんが本をたくさん置く喫茶店が増えたのです。通常の喫茶店がお客さんの飲食や喫茶、待ち合わせや商談の場を提供するのが主であるのに対し、娯楽サービスを提供することを目的としているのです。

まんが喫茶の元祖は、名古屋市名東区でかつて営業していた『ザ・マガジン』といわれています。さすがに人付き合いが苦手な工業都市。人としゃべるよりも自分の世界に浸ることができる、名古屋らしい時間の過ごし方なのかもしれません。

最近は、オープン席とプライベートをしっかり守ったオートロック式完全個室の大型店が登場。洗練された空間でゆっくり過ごせる、24時間営業の形態やインターネットカフェが増えています。自分だけの完全個室でゆったりとコミック、雑誌、インターネット、オンラインゲームなどを楽しめます。

また、なかなか個人では購入できない高級マッサージチェアを無料で利用できる店も出てくるなど、日頃の疲れやストレスをすべて解消してくれるそうな空間になってきているのです。

次にリサイクルショップ。「いらんモノはコメ兵へ売ろう！」というキャッチコピーのＣＭで、名古屋では知らない人はいない存在の総合リサイクルショップが『コメ兵』。現在は関東、関西、中国、九州にも進出しています。

そもそもの始まりは１８９７年（明治30年）、社名の由来となる米屋『米兵《こめひょう》』。創業者である石原兵次郎の四男、石原大二（コメ兵創業者）は、新しい商売を始める資金集めのため、妻の嫁入りに持参した着物など衣類の行商を愛知県半田市で始めました。リヤカー、自転車で家々を回り、古着を出してもらっては行商で販売、古着のニーズは高く、面白いように売れたことが後のリサイクルショップ経営につながることとなりました。

戦後、1947年には名古屋市中区大須に古着店を開業。戦後の切実な衣料ニーズを満たすことからスタートし、「高度成長期（＝日本人の生活水準の向上）」とともに宝飾品、カメラ、時計と取扱品目を拡大させ、1960年以降は家電品を含むモノ全般を取り扱うようになりました。

コメ兵のリサイクルショップビジネスが注目され始めたのは、高度経済成長期に陰りが見え始め、オイルショックなどで「モノを大切にする」という意識が高まってきた1970年代後半です。

本拠地であった大須の街が活気づく中、1979年には法人化を行い、2000年には本店ビルを大幅に増床。総売場面積約1700坪で宝石・貴金属、時計、ブランドバッグ、衣料、着物、カメラ、楽器を取り扱う『リサイクルデパート』をオープン。2003年には総合リサイクルショップとしては初の株式上場を果たすまでになったのです。

創業精神は「高く買えばモノが集まり、安く売れば人が集まる」というものです。さらに「80：20の法則」を徹底。これは販売においては「2週間で20％売れる売価が適正」として、「2か月経過しても売れ残っている商品は20％値下げする」というもの。買い取りにおいては、「80％の人から買い取れる金額が適正」としています。

これはまさに名古屋人らしい無駄のない商売のやり方を表しているのではないでしょうか。当たり前のような考え方、やり方かもしれませんが、本当にそうだと思うのです。安く買い取ればお客さんはもうその店で買い取ってもらう気がなくなりますし、高く売ればそもそもお客さんがやってきません。

コメ兵が名古屋人に評価されたのは、海外ブランドもののバッグや衣類、時計などが、ブランド好きな名古屋の人に受けたのはもちろんのこと、モノを大事にする名古屋の人の堅実さと、新品や中古にこだわらない合理的気質に合ったことが原因でしょう。

ちなみに、レンタルビデオの発祥地も名古屋といわれています。

こんなものまで名古屋発祥⁉　その②

1930年（昭和5年）、風俗営業第1号店が名古屋で許可されパチンコ店が開店。

その結果、パチンコは名古屋が発祥の地になりました。しかし、その由来については諸説あり、はっきりしません。ここではそのうちの一説を紹介します。

戦後間もないころですが、アメリカの田舎の酒場にはコリントゲーム（ピンボール）が置いてあり、娯楽の少ない田舎町の楽しみとしてよく遊ばれていたそうです。ある日、とある酒場にある人物が立ち寄り、当地での人気ぶりを見て「このゲーム機を一台買ってみたら日本で売れるだろうか」と考えました。しかし、そのままでは、売れそうにありません。

そこで、戦前から初期のパチンコ機の開発やパチンコ店経営を行っていた正村竹一氏に相談したところ、まったく新しい遊技機として世の中に出すことになったのです。

もともと横になっているコリントゲーム機を縦にし、入賞口を少なく釘の本数も減らして、アメリカでは単なる時間つぶしであったゲームに勝負の世界を持ち込み、現代パチンコの元祖である「正村ゲージ」1号機が完成しました。

この台では玉を特定の釘の一定の場所に当てれば、入賞口に入る確率が高まり、玉をはじく人の技術が問われることになります。正村氏に相談した人物はこの新しい機器に、勝てば景品がもらえるというシステムも導入。これが評判を呼び、あっという間に全国に広がりました。

その後、この英語の「コリントゲーム」という呼び名は「パチンコ」と変わり、全国に広がっていったのです。当時のパチンコ店といえば「軍艦マーチ」が付きものですが、進駐軍には国歌と思われていたため見逃されたというエピソードも残っています。

しかし、そもそもなぜ名古屋がパチンコ発祥の地になったのでしょうか？　県民性からみると、名古屋人はそれほどギャンブル好きではありません。家康は倹約家ですし尾張藩は勤倹貯蓄を奨励してきました。

実際、宝くじにも関心が薄く（1人あたり購入額27位）、パチンコもあまり好きではありません（18歳以上の人口10万人あたり店舗数台数31位）。競馬場はありますが、来ているのは周辺の人たちが多いようです。それなのに、パチンコ発祥の地が名古屋というのは不思議です。

しかし、意外なことからその謎が解けました。実は、正村さんは名古屋市で遊技場を経営していましたが、岐阜の出身だったのです。

知られざる観光名所もいっぱいあるでよ

他地域から来た人には、名古屋は特に観るべきものがないと言いますが、実は超有名ではなくとも「知られざる観光名所」はたくさんあります。地元の方々に加え、名古屋に転勤していた方、旅行会社の人たちに協力してもらい、実はそれなりに面白いスポットを教えてもらいました。

まずは、万人受けしそうなスポットを紹介しましょう。

●鶴舞公園内　名古屋市公会堂
ポケモンGOのポケストップ聖地として、すっかり有名になってしまいましたが、鶴舞公園にある名古屋市公会堂（2019年4月から改修工事のため休館）は雰囲気があって面白いです。

名古屋市公会堂は、1階部分が龍山石と人造擬石ブロック造りであり、2階以上の外壁が焦げ茶色タイル仕上げの重厚で落ち着いたレトロな外観。建物は、直線主体のシンメトリーデザインですが、コーナーに丸みを持たせたり、アーチデザインを数多く取り入れることで柔らかなイメージを見る者に与えています。特に、正面ファサードの出入口の大胆な三連アーチが印象的です。

●名古屋大学博物館

大学の博物館というと堅苦しいイメージがありますが、名古屋大学博物館は良い意味で期待を裏切ってくれます。

学術的な研究成果の発表などももちろん行われていますが、それ以外にも「ボタニカルアート（芸術性も備えた植物記録画）」の実演や古代の石器づくりに挑戦するワークショップといった、面白そうなイベントも開催されています。

浜松出身でノーベル物理学賞を受賞された名古屋大学教授の天野浩さんがおられる関係で何度か行きましたが、特に専門家でなくても楽しめます。博物館から徒歩3分の所にも同じく名古屋大学の減災館もあるので、両方訪れてみるのもいいかもしれません。

●古川美術館

美術館そのものも落ち着いた雰囲気の中、美人画を拝観できるので良いのですが、徒歩3分のところにある分館の爲《ため》三郎記念館内で営業している「数寄屋カフェ」がおすすめです。1934年（昭和9年）に建てられた日本の伝統的な数寄屋建築で、四季折々の風情を見せる日本庭園を眺めながら、抹茶セット（季節の和菓子や特製和菓子付）、コーヒーなどが楽しめます。

●荒子観音

毎月第二土曜日13時～16時まで円空仏を拝観できます。重文の多宝塔などもあり良いところです。

●名古屋スポーツセンター

あの浅田真央や伊藤みどりのホームリンク。トロフィーやシューズなども展示していて自由に見られます。

●文化のみち（文化のみち白壁、主税、橦木エリア）
川上貞奴邸・橦木館などはステンドグラスを見るだけでも価値あり。洋館の立ち並ぶ街並みは名古屋のビバリーヒルズ。豊田佐助邸や堀美術館なども近隣にありおすすめ。

●名古屋港工場夜景遊覧船
季節限定の週末だけですが、工業都市名古屋ならではは工場夜景美が楽しめます。

●ヤマザキマザック美術館
工作機械会社の美術館。なかなか見応えのあるコレクションが充実しており、無料で音声ガイドを借りられます。

●名古屋港ワイルドフラワーガーデン　ブルーボネット
中部電力が運営している施設です。週末だけ名古屋港から水上バスが運行。ちょっとおしゃれなイングリッシュガーデン風の公園が楽しめます。

続いては、中年男性におすすめの場所です。

●柳橋中央市場

名古屋駅のすぐそばに、広い市場があること自体驚きです。明治の終わり頃に万物問屋が集合して自然発生的に生まれた市場。この中にある市場関係者向けの食堂がなかなかいけます。

●堀川沿い歴史的建造物

納屋橋から名古屋城までの区間の地区には、目立たないけれども貴重な建造物がたくさんあります。

●那古野 円頓寺商店街

昔の名古屋が奇跡的に残っている商店街。秋には「パリ祭」が行われパリの風が吹くなど、新しいイベントも行われています。

●四間道町並保存地区

堀川運河が物流の動脈として隆盛を誇っていた頃の街並みが保存されています。おいしいグルメ店もあります。

●覚王山地区

覚王山といえば、タイ国から贈られたという、本物のお釈迦様の骨をお祭りする覚王山日泰寺の門前町として有名です。名古屋で住みたい町ナンバーワンともいわれる名古屋屈指の住宅街で、そこかしこに興味深い建築・歴史スポットのほか、カフェや人気の飲食店も数多くあります。

名古屋で一番人を集めるスポットは？

ここではまず、２０１５年の入込客ベスト10を列挙します。

1位　熱田神宮　706万人
2位　東山動植物園　258万人
3位　名古屋港水族館　205万人
4位　名古屋城　174万人
5位　名古屋市科学館　138万人
6位　農業文化園・戸田川緑地　112万人
7位　愛知県美術館　79万人
8位　名古屋市農業センター　68万人
9位　シートトレイランド　63万人
10位　久屋大通庭園フラリエ　62万人

ご覧の通り、熱田神宮がダントツの人気です（うち232万人は初詣）。尾張名古屋のシンボルですが、名古屋城は残念ながらトップスリーにおよばない4位。もう少し何か工夫をすれば、さらに多くの人が集められそうな気がします。スポット名に「名古屋」がついているのは4カ所。いかにもお役人がつけそうな名前という印象もあります。せっかくなので、イメージの広がるネーミングにしたいところです。

がんばれ丸栄百貨店

続いて、景気のバロメーターなどにもなる、2015年度の名古屋の百貨店売上ランキングです。

1位　ジェイアール名古屋タカシマヤ　1301億円（全国7位）
2位　松坂屋名古屋店1248億円（全国9位）
3位　名古屋三越栄店791億円（全国20位）
4位　名鉄百貨店本店　461億円（全国37位）
5位　丸栄　191億円（全国89位）

「4M」の一角ながら、低迷が続く老舗百貨店の丸栄。2016年3月には、大型免税店・ラオックスが本館1階及び7階に、同年春にはサカゼンが6階に入居しました。とともに、中部地方に初進出です。さらに9月には、百円均一ショップのセリアが7階にオープンしています。

丸栄に限らず業績が悪化すると、目先の売上を意識して元気な集客力のあるテナントを入れることが多いのですが、根本的な問題の解決とまではいかないのが実情でしょう。特に丸栄の場合は地元密着の老舗百貨店らしいサービスが鍵を握るのではないかと思います。携帯品お預かり所などは、なかなかいいサービスだと思うのですが……。

浮上のために狙いたいターゲットはずばりシニア層。今、日本で一番お金と時間があるのは60代。これは丸栄の昔のお客さんでもあります。すべての売り場をシニア向けに変えるというのもひとつの方法。洋服のサカゼンさんには、シニア向けのスーツを中心に高級品を多く品揃えしてもらって、もう一度「男を上げる」ような装いを提案するのはどうでしょうか。

セリアは今一番元気な百均ですが、こちらもシニア向けに、単に商品を並べるだけではなく身近な生活の不便を解消できるような提案型ショップにするのも一案です。

ラオックスは外国人旅行者を考慮しながらも、シニアに扱いやすい軽い掃除機などの家電を推してみてはどうでしょう。スポーツ用品売り場はゴルフ用品がメインになっていますが、ウォーキングシューズなども増やした方が良いかもしれません。

ターゲットを決めれば、やるべきことははっきりしてくるのです。

第5章　世界の名古屋として羽ばたくために

――名古屋の未来への提言

人口減少時代にするべきこと

この章では最初に朗報をお伝えしておきます。

日本は超高齢化社会に突入し、アジア各国のような若さはもうないというようにいわれていますが、こと名古屋に関しては必ずしもそうではないのです。

日本の人口は2011年から減少時代に入りましたが、本来は2008年から始まるはずでした。この計算が狂ったのは、リーマンショックの影響によって、海外で働いていた層が日本に帰ってきたからなのです。そのため2008年、2010年は微増だったのです。

さて、今後は一体どうなるのでしょうか？　名古屋市の2016年末時点の人口は約230万人。人口問題研究所の予測では既にピークとなり、2020年は227万人、2025年224万人、2030年220万人、2035年は215万人、2040年は208万人と減少するそうです。

政令指定都市の中で2010から2040年で、唯一人口が減らないと見込まれるのは川崎市のみ。次いで減少が少ない順に、さいたま、横浜、広島となり、名古屋は5位になります。

人口の増減は、自然増（生まれた赤ちゃん－亡くなった方）と社会増（転入者－転出者）で決まります。2016年の名古屋は、自然減がマイナス1145人（マイナス0・05％）、社会増は1万149人（プラス0・45％）です。

自然増減は1000人の減少ですが、社会増減は1万人以上増えているのです。

ちなみに、人口では名古屋の上に位置する、大阪市の自然減はマイナス5706人（マイナス0・21％）、社会増は1万6495人（プラス0・62％）です。

名古屋と比較すると、大阪は自然減が名古屋よりかなり多く、社会増は若干多くなっています。

札幌は自然減がマイナス3005人（マイナス0・16％）、社会増は8821人（プラス0・46％）です。

名古屋と比較すると、札幌は自然減が名古屋よりかなり多く、社会増は若干多くになっています。つまり、大阪や札幌は熟年期ですが、名古屋はまだ青年期なのです。

このように見ると、名古屋には他の大都市にない未来があるといえそうです。

名古屋市の人口10万人当たり病院数は5・7で全国平均以下ですが、一般診療所は89・6か所、歯科診療時は62・9か所、薬局は50・2か所で全国平均以上。待機児童数3年連続ゼロは立派です（平成26年データ）。

フランスの歴史人口学者のエマニュエル・トッド氏はこんなことを言っています。

「日本は、親に対する子供の負担、子供に対する親の負担があまりにも大きい。人口の変化は30〜40年は平穏だが、災いは突然やってくる。ロボットでは間に合わなくなり移民に頼るようになる。個人の問題から国の問題に変えること。フランスでは税金を払うことで家族の負担が少なくなる。具体的にいうと子供の教育は無料で、2歳になったら幼稚園に入れる」

財政的には他の大都市に比べて余裕のある名古屋だからこそ先陣を切って、教育費無料化など未来のための負担に対応してはどうでしょう。恐らく、名古屋に対する見方が大きく変わってくるはずです。

産業力の高さは名古屋の宝

未来につながる子供の教育や高齢者福祉にはお金が必要です。そのためには、さらなる産業力アップが必要になります。

まず、名古屋市の財政状況を見てみましょう。

2011年度の市内総生産は、政令指定都市では大阪市、横浜市に次いで3番目の規模です。また、名古屋市の市内総生産は、国内総生産の約2・5％を占めています！

名古屋市の名目市内総生産は、卸売、小売業、サービス業など商業関連の割合が高いという特徴があります。また、自動車を始めとした製造業の割合は8・2％となっています。

法人市民税（現年賦課分）の業種別構成比では、製造業の占める割合が19・1％となっており、市内総生産に比べ高くなっていることがわかります。

製造業は化学工業、産業用機械、自動車部品などが大きな割合を占めていますが、2013年度は、他産業への波及効果が大きい自動車産業関連の業績が引き続き好調に推移しています。名古屋市の2014年度決算の規模は、歳入が1兆548億円と前年度に比し218億円の増加、歳出が1兆474億円と前年度に比し219億円の増加となり、歳入、歳出とも2年連続で増えました。

実質収支は、オイルショック後の1974年度（13億円）、1975年度（28億円）に赤字となりましたが、その後は黒字決算が続いています。名古屋の財政力指数は2015年度で0・99になっています。

財政力指数が1・0を上回れば、その地方自治体内での税収入等のみを財源として円滑に行政を遂行できるとされ、地方交付税交付金が支給されない不交付団体となり、下回れば地方交付税交付金が支給される交付団体となります。

2015年の時点で財政力指数が1・0を上回っている都道府県はゼロ。市町村においても、この数字を上回っているのは、飛島村（愛知県）や田尻町（大阪府）など、人口は少ないものの大企業の工場や空港があったり、泊村（北海道）や神栖市（茨城県）など、火力発電所や原子力発電所とその関連施設が設置されている自治体などに限られてきます。

また箱根町（神奈川県）や軽井沢町（長野県）に代表されるように、観光地や別荘地としてホテルや別荘などが多くあり固定資産税他の税収が多額の自治体も、財政力指数が上回っているケースがあります。

政令指定都市の財政力指数（２０１５年）

1位　川崎市　1・00
2位　名古屋市　0・99
3位　さいたま市　0・98
4位　横浜市　0・97
5位　相模原市、千葉市　0・95

ちなみに、大阪市は0・92で8位、と静岡市は0・91で8位、神戸市と京都市は0・79、札幌市は0・72でした。こうしてみると産業力の高い名古屋の財政状況はすこぶる健康なのです。

家康のレガシーをもっと発展させよう

真ん中というのは、どんなものでもとても有意なポジションです。特に地政的、経済的な面で、名古屋は日本列島太平洋岸のほぼ中央に位置していることをもっと有効活用し、さらに発展させていくべきでしょう。

特に名古屋港は物流、生産、防災、交流、交通の機能が備わった総合港湾としてこれまでも機能してきました。２０１３年の総取扱貨物量は、約２億８２４万トンで、２００２年から12年連続で全国１位。外国貿易額についても約16兆３１０３億円と４年連続で全国１位を記録しました。世界的なモノづくり産業が集積する、中部地域の産業と市民の暮らしになくてはならない存在なのです。

名古屋大都市圏の玄関口である名古屋駅も交通の要所。中部地域の海の玄関口である名古屋港があり、空の玄関口である中部国際空港まで名古屋駅から鉄道で約30分と、名古屋市を取り巻く交通網は充実しています。

加えて、リニア中央新幹線が開通すれば、約100分かかっている東京〜名古屋間が約40分に短縮されることになります。リニア中央新幹線の開業時にターミナルとなる名古屋駅周辺では、ミッドランドスクエア、名古屋ルーセントタワーなど民間主導による大規模な再開発が進み、さらに加速しつつあります。

2027年度に開業予定のリニア中央新幹線（東京〜名古屋間）では、リニア名古屋市ターミナル駅が名古屋駅の地下に設置され、名古屋駅の拠点性や利便性がさらに高まることとなります。新東名高速道路の開通、東名高速道路の守山スマートICの供用も予定されており、さらに交通が便利になりそうです。

また、圧倒的な貿易黒字を稼ぐ名古屋は毎年6兆円で、日本一の担税都市として7割を国に納めて日本を支えているのです。

これは何といっても、徳川家康のおかげ。関東平野を見て江戸を日本の中心にしたのも、交通、流通の要衝である尾張の地に一族の大藩を置くことにしたのも、みんな家康が決めたことなのです。今の世も家康が考えた通り動いているのかもしれません。

ニューヨークに負けない観光都市へ

工業都市として発展してきたために観光都市としての意識が薄いといわれる名古屋。逆にいえば、これまで観光に重きを置いてこなかったからこそ、まだまだポテンシャルを秘めているともいえるのではないでしょうか。

そのお手本になるのがアメリカ随一の都市ニューヨーク。ニューヨーク市観光局によると、２０１２年にニューヨーク市を訪れた国内外からの観光客が前年比２・１％増の約５２００万人となり、全米で最も観光客数の多い都市となっています。

２０１２年は米国東部をハリケーン・サンディが襲い、空港の閉鎖や停電などが発生。観光への影響も懸念されましたが、国内外ともに予想を上回る増加となったといいます。

観光客数の内訳は、海外からが１１００万人、国内が４１００万人の推計。外国人観光客の割合は、２００６年には28％であったところが33％となりました。特に伸び率が高かったのはブラジル、アルゼンチンなどの新興国で、いずれも3倍以上増加。また、ホテルの稼働率は全米1位を維持しています。

延べ宿泊数は1・09％増の2900万泊となっています。現在の宿泊施設の総客室数は9万1500室。なお、ニューヨーク市では2015年までに年間5500万人の観光客誘致と年間700億米ドル（約6兆1000億円）の目標を掲げてきました。2012年の経済効果は、直接消費の推定額369億米ドル（約3兆2000億円）を含めて553億米ドル（約4兆8000億円）の推定です（Travel Vision13年1月10日号）。

実際、2015年には史上最多5830万人の観光客数を記録。過去最多の更新は6年連続。その背景にはウォーターフロント地区の再開発など「ニュー・ニューヨーク」を掲げた新たな観光スポットが次々と生まれていることがあります。

かつては危険な空気が漂い、観光客はおろか地元っ子も遊びに行かなかったエリアをリノベーションして貨物鉄道の高架橋を散策路に変身させた空中公園「ハイライン」など、都市の中にうまくリラックスできる環境を整備していることも、人々を引きつける要因でしょう。こうした街の魅力づくりは、市内中心部に久屋大通公園などがある名古屋も十分参考にできるのではないでしょうか。

一方、ヨーロッパに目を移すと花の都、パリも参考になります。毎年３３００万人の観光客が世界中からやってくるフランスの首都は世界で最も観光客の多い街のひとつ。パリを訪れる外国人観光客も97％と高いのが特徴です。

都市観光の振興により来訪客が増加すれば、もちろん大きな経済効果をもたらします。観光産業は、旅行業、交通業、宿泊業、飲食業などへの連動性も高く、地域の特色ある食材や工芸品等を産出する地場産業にも関連が深い。観光が盛り上がれは、これらの産業の振興につながるため、雇用機会を増やせば、街が活気づきます。

働きすぎが社会問題となっている日本では、今後、国を挙げての働き方改革の流れの中で、レジャーや余暇生活の充実がさらに取り上げられるでしょう。そうした意味でも観光産業は、地域を支え、国を支える基幹産業のひとつとしての役割を果たしていくようになるはず。

もともと工業都市としての歴史、地場産業の歴史がある名古屋は、そこに観光都市の要素を組み合わせることで、より発展が望める街なのです。

世界も名古屋に注目している

アメリカの旅行誌『Ｔｒａｖｅｌ＋Ｌｅｉｓｕｒｅ』が発表した世界の人気観光都市ランキング（２０１５）で、京都が2年連続で1位に選ばれました。これはもう、さすがというところ。他のどの都市にもない魅力がある街として読者投票でナンバーワンに選ばれたわけです。

古都・京都ならではの神社仏閣や歴史的建造物、精進料理などの芸術的かつ洗練された料理、芸妓など、真の日本らしさが体験できることが評価されました（２０１６年は6位、東京は9位）。また、イタリアのフィレンツェとローマは10年連続でトップ10入り。タイの政情不安で２０１４年はランク外となったバンコクは6位に復活しました。

関西から1～2時間、関東から2時間前後と国土のほぼ中央に位置している名古屋は、幅広いターゲットに対して観光都市の訴求ができるはずです。実際、２０１７年には日本初上陸となる屋外型キッズテーマパーク『レゴランドジャパン』が、名古屋市港区の金城ふ頭にグランドオープンします。イギリスの国営放送BBCは名古屋のレゴランドの立地条件について、「東京から2時間で行くことができ、中部圏は2000万人以上の人口集積がある」と伝えています。

さらに、2026年の夏季アジア競技大会は愛知県と名古屋市の共催で開かれることが決まりました。1988年の夏季五輪招致に失敗した名古屋市にとっても悲願のスポーツ大会招致となります。

アジア大会は選手だけで1万人規模が見込まれ、リオデジャネイロで選手1万1000人以上が参加した夏季五輪に次ぐスポーツイベントといえます。

広島市の発表によると、1994年の広島アジア大会は111万人超の観客を集めています。特に愛知・名古屋大会はリニア開業を控えた時期だけに、名古屋を国際的にアピールする絶好の機会といえるでしょう。

リニア＋アジア大会となれば世界の注目度はこれまでの大会よりもさらに高まるのは間違いがないところ。大会運営者や行政、市民などの関係者がこの機会をうまく活用すれば、名古屋の存在感は大きく変化する可能性があります。

中部国際空港セントレアの魅力

世界的な都市には、玄関口となる世界的な空港が必ずあります。東京の空の玄関口といえば成田と羽田。たしかに規模は日本有数ですが、どちらかといえば東京だけでなく周辺を含めた関東・首都圏エリア全般の玄関です。

そういった意味では愛知県名古屋市の中心部から鉄道で30分以内で、岐阜、豊橋、津などの主要都市から1時間の好立地に位置する中部国際空港(セントレア)は、ずばり名古屋の顔としてもっと世界に打って出られる可能性を秘めているのではないでしょうか。

中部国際空港は、24時間運用可能な長さ3500mの滑走路を有する、関西国際空港に次ぐ国内第2の海上国際空港として2005年2月17日に開港しました。

中部国際空港の顧客サービス評価について、航空業界の格付会社であるスカイトラックス社が実施した顧客サービスに関する国際空港評価「ワールド・エアポート・アワード2016」によると、リージョナル・エアポート(地方空港)部門で世界第1位となる「ザ・ワールズ・ベスト・リージョナル・エアポート」を受賞しているのです。ちなみに、同賞の受賞は2015年の受賞に続き2年連続。

また、建造物の評価では『中部国際空港旅客ターミナルビル』が、そのユニバーサルデザインなどが評価され、2005年度のグッドデザイン賞の受賞作品となっています。

年間旅客数（国土交通省発表2015年度）は、1041万906人（国内：552万4407人、国際：488万6499人）、2015年度空港別乗降客数国内順位は、国際+国内、国内、国際がそれぞれ8位、8位、4位となっています。

国際線は週に40都市 333便、国内線は毎日18都市 81便が運航しています（2016年冬季ダイヤ）。

加えて、エアアジア・グループが2度目の日本進出における本拠地として中部国際空港を選びました。セントレアが日本国内の大規模ハブ空港のひとつとしてさらに発展していく上で、その大きな可能性を引き出す出来事であると地元では受け止められているのです。

また、エアアジアグループのチューン・ホテルズのホテル建設予定地は現在はタクシー・プールになっている部分で、広さは890平方メートル。空港のメインターミナルに隣接。約180室のホテルを建設する予定で、2017年度中にオープン予定です。

さらに、名古屋にはセントレアに続く第2の空港があります。現在は県営名古屋空港（小牧空港）と呼ばれていますが、中部国際空港開港までは国際空港として機能していました。

県営名古屋空港のメインエアラインとなっているのがフジドリームエアラインズです。静岡空港（富士山静岡空港）を拠点に、2009年7月23日から運航を開始しました。2010年から日本航空と業務協力関係にあり、同年に名古屋（小牧）－福岡線を運航開始してからは、すべての便の機体繰りの指示を県営名古屋空港内に構えた事務所で行っているほか、保有する6機のうち5機を駐機させ、全社員の7割強にあたる220人を配置するなど、県営名古屋空港の拠点化を進めています。

2015年4月からは名古屋発着路線が国内9路線展開になるなど、急速に名古屋発着路線網を充実させています。先日、出雲空港から県営名古屋空港まで初めて乗りましたが、空港がコンパクトでダラダラ歩く必要がないのはありがたく感じました。その上料金も安いので、今後さらに人気になるのではと思います。

さらに特筆すべきは、県営名古屋空港は国内初のビジネスジェット（プライベートジェット）専用ターミナルを備えている点です。企業ＶＩＰなどが一般の旅客とは隔離された動線でプライベートジェットにそのまま乗り込めるのです。短時間でＣＩＱ（税関・出入国管理・検疫）審査も完了できるので、社用車などで空港に到着してから最短10分ほどで機内に搭乗することも可能なのです。

主要な産業が集積している名古屋ならではの「ビジネス空港」として、国内だけでなく海外の企業ＶＩＰにも強くアピールできるのではないでしょうか。

名古屋駅ホームを分かりやすく！

名古屋の地下鉄に乗るとコンパクトであることを実感します。半日もあれば回れる気がします。駅は観光拠点を意識して設置されているので、すこぶる便利。タクシーを使わなくとも大丈夫ですし、料金も安いのがいいですね。地下鉄全線の一日乗車券は大人

740円、小児370円です。

名古屋の電車網がコンパクトなのは便利でいいことなのですが、そのデメリットとして他地域から来た人にはわかりにくいことがあります。特に名古屋駅はJR、新幹線、名鉄、近鉄などとは同じ名古屋駅でも、それぞれが離れることがあるので注意が必要です。

地下鉄なども古くからあるため、必ずしもエレベーターやエスカレーターがある場所からホームが近くないことも……。乗りたい電車の進行方向によっては、ホームに着いたと思っても、そこからさらに電車が停車する場所が離れていたりして戸惑ってしまうこともあるのです。

よそものから見ると、名古屋はどこまでが地下鉄の駅で、どこからが地下街なのか、わかりにくいという声もあります。名古屋の地下街は地下鉄とともに拡大してきたため、名古屋駅の地下街なども、ひとつではなく複雑怪奇につながっているのです。

地元民からすれば慣れたものなのかもしれませんが、土地勘のない旅行者などにとっては、自分がどこにいるのかわからなくなるケースもあります。出口に至れば、目的先がわかる案内図はありましたが、地下街を網羅する案内板が見やすい場所にあればもっと便利になるのではないでしょうか？

そして、さらによそものを悩ませるのが名古屋鉄道の名鉄名古屋駅です。平均すると2～3分に1本電車が到着します。とにかくたくさんの電車が動いているのです。行き先を理解していないと乗り間違えることになります。

行き先によって電車がホームの前寄りに停まったり、後ろ寄りに停まったりします。適当なところで待っていると、とんでもないところに停まって乗りそこなってしまうことも。駅員さんがマイクで案内していますが、電車の音がうるさいのでよほど注意していないと聞こえません。

そもそも、名鉄は路線網も複雑なため自分の行きたい目的地がわかっていても、どの路線のどの方向に向かう電車に乗ればいいのか、慣れていないとすぐにはわからないのです。

名鉄名古屋駅では、北に行く岐阜・犬山方面で11カ所、南に行く豊橋・常滑方面で19カ所も行き先があります。しかも、名鉄の電車は普通・準急・急行・快速急行・特急・

快速特急と種類が多く、もちろんそれぞれ停車駅が異なります。これらの電車が上り下りの区別なく、ひとつのホームで行き来するので、実に紛らわしいのです。

さらに、列車編成も2両から8両までと多岐にわたり、それに応じてホームで並ぶ乗車位置を変えなければなりません。

名古屋から西や北に行く岐阜・犬山・津島方面などは「名鉄岐阜」「新鵜沼」「津島」「弥富」「新可児」などさまざまな行き先が飛び交いますし、東・南へ行く豊橋や中部国際空港など知多方面は「豊橋」「豊川稲荷」「東岡崎」「内海」「河和」「中部国際空港」「吉良吉田」「鳴海」など、こちらも複雑です。

考えようによっては、ひとつの駅をハブとして各方面に同じホームから行くことができるのですから、このシステムは実に合理的ではありますが、名古屋初心者から見ると大変。地下鉄も名鉄も、旅行客の立場で「乗りやすさ」をさらに向上させていくと、名古屋の魅力がもっとつかみやすくなるのではないでしょうか。

名古屋城に誇りを持つべき

かつて名古屋城の本丸には、天守閣とともに「本丸御殿」がありました。本丸御殿は、日本建築史・絵画史・工芸史上、最も豪壮華麗といわれる安土桃山から江戸期にかけて造営された、近世城郭御殿の最高傑作だったそうです。

現在、国宝になっている京都の二条城二の丸御殿と双璧をなす建物だったともいわれています。国宝にも指定されていた世界的な文化遺産でしたが、惜しくも、終戦直前1945年5月の空襲で焼失してしまいました。

「ものづくりの技・心・自然環境の大切さ」を後世に伝える名古屋の歴史的・文化的シンボルとして、再びその輝きを取り戻そうと、2009年1月から本丸御殿の復元工事が始まり、2013年5月から玄関・表書院が公開されています。2016年6月には対面所・下御膳所を、2018年には全体が公開される予定です。

「尾張名古屋は城でもつ」といわれるほど名古屋城が有名なことから、河村市長は「都市の一番重要な誇りになる」と持論の天守閣木造復元を力説しています。また、大村秀章愛知県知事は「愛知県民は黙々と仕事をして『観光はええわ。来たけりゃ来い』という雰囲気があったのは事実だ。それがいかん」と分析しています。

このように、ここにきて名古屋城の価値を再評価する動きが高まっているのは名古屋にとっていいことでしょう。

家康の命により1612年に築城された、熊本城、姫路城と並ぶ日本三大名城のひとつだけに、お城の雰囲気や存在感も格別です。ただ、動線上にエレベーターがあるので、5階まで直行できてしまうのは少し興醒めのように思うのは私だけでしょうか？　せめて展望室ぐらいまでは歩いて（もちろんキツイ方はエレベーターで）もいいと思うのです。

さらにいえば、展望室の窓にも一工夫欲しいところです。小学校や中学校のような窓ではせっかくの城の魅力が下がってしまいます。ここは是が非でも昔のような雰囲気に直してほしいところです。

名古屋の観光PR部隊「名古屋おもてなし武将隊」もすごくいいのですが、最近はどの城でも同じようなことをしているので、差別化として女性の武将隊などを作ってみるのも手かもしれません。女性武将が隊列を組んで弓を射る姿などはとてもフォトジェニックな気がします。

ここで突然、弓道が出てきたのには訳があります。実は、日本で一番弓道場があるのは愛知県なのです。総務省の64回日本統計年鑑では、愛知県には222場の弓道場があります。ちなみに2位は鹿児島で178場、3位は北海道で154場。名古屋は徳川家康が出身地の三河の農民に武芸奨励をしたことから弓道が盛ん。三河は、唯一、農民が弓を引くことを許された地域だったのです。

熱田神宮の雰囲気を盛り上げよう

国家鎮護の神宮として特別のお取り扱いを受ける一方、「熱田さま」「宮」と呼ばれ親しまれてきた熱田神宮。

約6万坪の境内には、樹齢千年を越える大楠が緑陰を宿し、宝物館には信仰の歴史を物語るものとして、皇室を初め全国の崇敬者から寄せられた6000余点もの奉納品が収蔵・展示されています。境内外には本宮・別宮外43社が祀られ、主な祭典・神事だけでも年間70余度、昔ながらの尊い手振りのまま今日に伝えられています。

数多い祭典の大半が産業や日々の暮らしと深い関係にあることは、熱田神宮の成り立ちと信仰の意義をよく表わしております。

ちなみに、初詣の人出は1位から順番に明治神宮（319万人）、川崎大師（306万人）、成田山新勝寺（301万人）、京都・伏見稲荷大社（277万人）、大阪・住吉神社（235万人）。熱田神宮は6位の232万人でした。

神宮に隣接する県内最大の断夫山古墳の被葬者は、古代豪族尾張氏とのつながりが強いとするところから一族の社としの起源が有力です。宮司は代々尾張氏が世襲してきました。ここでもまたまた、尾張氏が登場してきます。

熱田神宮はとても雰囲気のあるところなのですが、お参りしても何か物足りない気がしてしまいます。入り口にもよりますが、入ったらすぐに本宮がある造りになっているのです。伊勢神宮や明治神宮はかなり参道を歩いて本宮に到着するのとは対照的なので、そう感じるのでしょう。

現在の本殿は1955年（昭和30年）の伊勢神宮遷宮で古殿となった内宮正殿を移築したものです。今の方が合理的であるのは間違いありませんし、変えることは容易ではないと思いますが、せっかくの由緒ある熱田神宮の雰囲気をもっとありがたく感じられるような導きができればと思うのです。

名古屋めしロードを作ろう！

ゆっくりのんびり観光する人には今のままでもいいと思いますが、時間のない観光客用に、「名古屋めしロード」を作るのはどうでしょう。できれば名古屋駅から近いエリアがいいですね。

見本になりそうなのが、栃木の宇都宮。餃子が特に有名ですが、観光客用に宇都宮駅の隣に大きなお店が2店あります。また仙台は駅の中に牛タンのお店が並んでいます。場所がなければ少し離れていてもいいです。交通網がコンパクトな名古屋の地の利を生かした場所に、名古屋めしをはしごしながら雰囲気も味わえるスポットがあればいいと思うのです。

味噌カツロード、ひつまぶしロード、手羽先ロード、味噌煮込みロードがあれば、最高ではないでしょうか。それぞれのロードには少なくても4店か5店あるのがベスト。

さらに、各店のメニューにはハーフサイズを。価格はレギュラーの6割ぐらいにすれば、あれもこれも食べてみようという気持ちが起こります。せっかく来たのに、手羽先以外は2店以上は回れないなんてさみしいですよね。

また、名古屋めしは味が濃いのが特徴ですが、人によっては味が濃いのはダメだったり制限されている人もいます。マイルドな名古屋めしもメニューにあると、これまで食わず嫌いだった人にも振り向いてもらえるのではないでしょうか。

本書でのリサーチに関わったみなさんからは、次のような意見とアドバイスもいただいています。

《味噌カツ》

価格としてはセットで1200円~1700円台とリーズナブルですし、意外にどろっとせずサラリとした味噌ダレでおいしく頂けます。味噌ダレの好みに合わせて、濃いものと、サラッとしたものが選べるようにするのもいいかもしれない。

《味噌煮込みうどん》

固い麺が食べられない人用に、ソフト味噌煮込みうどんを開発してみては。お隣の三重県伊勢には、やわらかさが特徴の名物の伊勢うどんもあるので、需要があるかも。

《ひつまぶし》

有名店では3000円～4000円。いかに財布の紐がゆるくなる観光客でも、ちょっと高いかもしれません。昨今のうなぎ高騰では仕方ないかもしれませんが。それならば名古屋でしか食べられない独自のひつまぶしの工夫も欲しいところ。

《手羽先》

名古屋手羽先のツートップである『風来坊』は1人前5本で450円。『世界の山ちゃん』は1人前5本で430円。山ちゃんは一時期、揚げがカラッとしてないことがありましたが、今は大丈夫です。手羽先といえば、やはりビール。ここは名古屋独特の濃いビールとのセットを観光客に推したいところです。

名古屋弁でおもてなしを

「おみゃー、このえびふりゃー食ってみ、どえりゃーうまいがや」

名古屋弁といえば、こんな言葉遣いをイメージされる人も多いのでしょうが、実際にはそんなふうに話している名古屋人はほとんどいません。おそらくメディアなどで誇張されたイメージが広がったのでしょう。

ところが名古屋の河村市長の名古屋弁は、そうした他地域の人が持つ名古屋弁のイメージに割と近いのです。市長の名古屋弁は地元の人も若干首をかしげているぐらいですから、かなり強調して話している気がします。メディアでしゃべる以外に普段でも、あの名古屋弁なのか知りたいところです。

この河村市長の名古屋弁については、色々な意見があります。「知名度アップにはいいのでは？」「相手に対して煙に巻くためにしているのでは？」。交渉の武器になるという意見もあれば、名古屋のイメージを余計に泥臭くしているという否定的な声も耳にします。

しかし、とにもかくにも、あれだけしゃべるとインパクトは強烈。名古屋に来たお客さんは、「河村さん風の名古屋弁を期待したのに全然聞くことがなかった」と言う人もいるみたいです。また、市長の名古屋弁のせいで、名古屋の街全体が田舎のように思われるとか、ダサイイメージになってしまうという声もありました。

とはいえ、観光客へのサービスという点で考えれば、あえて期待に応えるというのもやり方のひとつでしょう。その地域で使われている言葉でおもてなしをされると、旅行気分が高まります。

今後、観光都市としての名古屋を高めていくのに必要なのは営業活動でしょう。沖縄の旅行会社ではターゲットを絞ろうと、空港からアクセスが良い地域で大都市にある高校を集中的に訪問して成果を上げたことがあります。名古屋もターゲットを決めた方が良いと思います。決め方は簡単です。一番よく来てくれている地域を優先すること。間違っても今まであまり来ていない地域のお客さんを狙わないことです。

普通に考えたら、最も大事なのは国内のお客さん。ニューヨークでもそうでしたよね。もっと言えば、三重、岐阜、静岡のお客さん、さらには県内のお客さんが大事なのです。

名古屋の日本一・世界一をアピール

本書で口酸っぱく言ってきましたが、名古屋人はあまり社交的ではなく、自分から外に出向いたり、よそものを積極的に迎え入れることがありません。その結果、せっかくの名古屋のすごさ、素晴らしさが、十分に伝わっていないのです。いろんな日本一、世界一があるのに、あまり知られていないのが、それを証明しています。

例えば名古屋市科学館のプラネタリウムは世界一。２０１１年3月にリニューアルオープンした新しいプラネタリウムは、限りなく本物に近い星空の再現を目指し、ドーム内径35ｍという世界一の大きさと映像クオリティーを実現しています。

内外からの観光客へのおもてなしという面では中部国際空港の顧客サービス評価は2年連続世界一です。

他にも工業都市ならではのものでは自動車の輸出台数日本一、名古屋港の貿易額日本一なども立派なアピール材料。和凧の生産量日本一、地下鉄の終電時刻日本一、バレンタイン催事売上高日本一、喫茶代の支出金額日本一、和食・中華（外食）の支出金額日本一、おにぎりの支出金額日本一、エビフライの大きさ（海老どて食堂）日本一などもあります。

他にも「日本一忙しい名鉄名古屋駅」や「世界最大級のショープール　日本一大きなシャチがいた名古屋港水族館」なども誇れるものでしょう。

また、日本一ではありませんが、名古屋の中心にあり栄駅から直結している「オアシス21」も、もっとアピールされてもいいのではと思います。ここは2002年にオープンした、公園と商業施設が一体となった名古屋の観光スポット。

地下にたくさんの商業施設が入り、地上は緑豊かな公園となっています。その上は14mの高さで「水の宇宙船」と称される、水が張られた大きなガラス張りの遊歩道があります。

下から「水の宇宙船」を見上げると、自分が一体どこにいるのかわからなくなるような不思議な感覚になります。夜になるとライトアップされ、名古屋テレビ塔とペアで名古屋の夜空に浮かび上がる姿はとても印象的です。21時まで無料開放されているのもうれしいところ。もっと観光客にアピールしてもいいスポットです。

歩いても楽しめる街に

名古屋はトヨタ自動車をはじめとする自動車や関連産業の街、企業城下町として有名ですが、自動車が多いということは道路網も発達しているということになります。

名古屋の街には碁盤の目のように片側3~5車線の道路が走っており、余裕ある道路設計により、名古屋高速道路を中心部に通すことも容易でした。「100m道路」と呼ばれる幅員100mの広い道路（久屋大通と若宮大通）は、名古屋の自慢にもなっています。

なお、1本の道路幅がそうなのではなく、上り車線と下り車線および車線間にある20mほどの中央分離帯を加えてそう呼んでいます。途中の中央分離帯は公園のようになっており安全に休むことができるので、歩行者は一気に渡り切る必要もプレッシャーもありません。

先日、名古屋に行って思ったのですが、車がスイスイと流れておらず、信号で止まることが案外多いのです。タクシーの運転手さんや地元の友人に言わせると、愛知県は交通事故による死者数が13年連続で全国ワーストのため、スピードが出ないように信号が調整されているのだとか。

自動車はたしかに便利ですが、交通事故が多いのは名古屋のイメージダウン。欧米のように市街地の一部は自動車の乗り入れを原則規制して、公共交通機関や自転車、歩行者を優先させる街づくりをするというのも方法のひとつ。

自動車に乗っていてはなかなか見えてこない名古屋の街の魅力を再発見することにもつながると思うのです。

さらなる「モーニング」天国を目指して

すっかり有名になった名古屋の喫茶店のモーニング文化ですが、最近のモーニングは何でもあり。茶碗蒸しやうどん、おかゆや肉まん、ドーナツ、ケーキつきモーニングまで登場。味噌汁のついた「おにぎりモーニング」も人気です。

「朝は和食」の歴史を持つ名古屋ですから、この先、和食モーニングが一気に広がる可能性も大いにあります。

全般的には相変わらず、岐阜や大垣の方がすごいですね。最近は、モーニングなのに食べ放題という形態も人気です。

これからは、観光客専門のモーニング店が登場するかもしれません。最近は、宿泊だけに特化して余計なサービスを省いた分、リーズナブルな値段で宿泊できるホテルも増えていますから、観光客専門のモーニングの需要は高いはずです。

また、中華モーニングももっと広がるかもしれません。こちらも、なんといっても日本で一番中華を食べている名古屋人なのですからね。

保守的すぎる歴史から卒業しよう

温故知新という言葉があるように、古きをたずねて新しきを知ることで、自分たちのこれからのヒントが見えてくることがあります。最後に、名古屋人と名古屋の魅力をもっとアップさせるために『人国記』を参照してみます。

『人国記』とは戦国時代ごろに日本六十余州について、その地勢とともに人情、風俗、気質をまとめたもの。尾張の人はどんな風に書かれているでしょうか?

《尾張の人は、事に踊らされやすく、善を見れば善に走り、悪になれると悪に染まり、自分の親しい者の良いことが少しあれば、それを大袈裟に言いまわり、悪いことがあっても、それに良い解釈を加え、将来その過ちを繰り返さないようにしようとはせず、皆で悪事を隠蔽し他人を非難して、自分たちのことは大して悪いことではないと言うだけで、片意地を張り、他人を見下し、美点を認めず、自らの汚点を隠すだけで、根源からの解決は図らない。そうは言っても、職業・年齢などに相応した特徴や勇気が並々でない処で言えば、伊賀・伊勢・志摩の三カ国合わせるよりも上である。

昔から秀でている者もいる。ただ、品のない者の考えは偏屈きわまりない。だからこそ、善行をする人は少なく、悪に従うことが多い。なので、謀反・一揆などの反乱が起こることが今も昔も多い。一方で着飾る意思が少ないから、誠意ある人も多く、悪を見て悪を知り改める人もいる。良いとも悪いとも言い切れない中レベルの性格の地域である。ただ、男の言葉が爽やかということで見れば、良い国とも言える》

一見すると、悪口が多いようですが、これには理由があります。尾張名古屋だけが悪く書かれているわけではないのです。

そもそも『人国記』は、それぞれの隣国に行って「お隣の国の人はどんな人ですか？」と聞いてから書かれたようで、隣同士は通常あまり仲が良くないことから、欠点ばかりの表現になったようなのです。

尾張名古屋の人は「事に踊らされやすく」「皆で悪事を隠蔽し他人を非難」と書かれています。これは隣国から見ればそう見えるということであって、決して名古屋人が悪事ばかり働いていたというわけではないでしょう。

おそらく保守的でよそものを受け入れず、自分たちのことも外部にあまり主張しないため、そのような見方をされたのではないでしょうか。それでも最後は「良い国」として締められているのですから、むしろ全体としては高評価だと思います。

こうして考えると、名古屋はこれまで保守的故に成長してきた面もありますが、これからは少し保守的な部分を卒業して、開放的なところも見せていくといいように思うのです。

むしろ、これまでが保守的だったからこそ、ちょっとしたことでも「新しい！」と言われるようなことをするだけで、大きく周りからの見方が変わる可能性があるのではないでしょうか。

終わりに

好きの対義語は「嫌い」ではなく「無関心」だという考え方があります。なんだかんだいっても名古屋が話題に上る機会が多いのは、結局、みんな気になっているからなのでしょう。

もし本当に心底から名古屋が嫌われているのなら、こんなふうに本になったりランキングが話題になることもなく、みんな無関心のはず。本書の冒頭でも触れたように、やはり名古屋は存在感のある街であり、私自身も名古屋の魅力に惹かれてしまったひとりなのだと、今回あらためて感じました。

そんな愛憎に満ちた名古屋はメガロポリス（巨帯都市地域）の中で今日も輝いています。京浜、中京圏、京阪神を結ぶ東海道沿線の帯状のメガロポリスの中心である限り、その存在の重要性は薄まることはないでしょう。

東海道メガロポリスは東京―神戸間約500余km、13都府県にまたがり、面積約60 00平方キロメートル（全国比17％）、人口約6700万人（全国比55％）、工業出荷額、商業販売額ともに全国の68％を占める日本の経済文化の中枢地帯です。

メガロポリスの名称は、地理学者ゴットマンが、1957年アメリカ東海岸のボストン、ニューヨーク、フィラデルフィア、ワシントンを結ぶ都市化地帯につけたのが始まりで、日本では建築家の丹下《たんげ》健三が「東海道メガロポリス」とし、磯村英一が「巨帯都市地域」と訳したことで知られます。

その中心に位置するのが名古屋であり、「東名阪」の真ん中に位置しているのも名古屋なのです。そして、その名古屋はトヨタを中心に自動車産業に加え、幅広い業界のメーカーが集積しているのです。今でもそうですが、これから先、日本がどういう未来に向かうかは名古屋次第といっても言い過ぎではないでしょう。

先日、半年ぶりに名古屋に行ってきました。平日なのに駅もタカシマヤも人が一杯でした。同時刻の東京や大阪より混んでいたかもしれません。

順を追ってこの本を読んでいただくとわかると思いますが、私自身の名古屋に対する気持ちが変化しているのが透けて見えてきたのではないでしょうか。それは、今まで以上に、名古屋の人と接触することで新しい発見もあり、さらに歴史の本を読み返して理解を深めたからだと思います。特に女性の方たちは道を尋ねても、嫌な顔をせず教えてくださいました。ありがとうございました。

末筆になりましたが、この機会を作って頂いたワニブックスの内田さんと小島さんはじめ、地元名古屋の梅村さん、転勤族の井熊さん、浜松の「いーら旅行舎」の古橋さん、地元の方々のご協力、誠にありがとうございました。誌面をお借りして御礼申し上げます。

2017年3月吉日　　(株)ナンバーワン戦略研究所　矢野新一

主な参考文献・サイト

「愛知エースネット」
「史跡写真紀行」
「名古屋市統計年鑑」
「空中散歩　日本の旅８中部」（監修　岡田喜秋　新日本法規出版）
「名古屋観光情報　名古屋コンシェルジュ」
「トッピーネット」
「総務省家計調査」（２０１５年）
「経済センサス」（２０１２年）
「Ｔｒａｖｅｌ　Ｖｉｓｉｏｎ」（２０１３年1月10日号、２０１６年２月９日号）
「Ｔｒａｖｅｌ＋Ｌｅｉｓｕｒｅ」（２０１５、２０１６）
「ＮｅｗｓＰｈｅｒｅ」（２０１４）
「熱田神宮について」（熱田神宮）
「尾張徳川家について」（徳川美術館）
「売れる色の理由」（芳原信　（株）シーアンドアール研究所）
「日経流通新聞」（２０１６年８月17日）

「みんなの大学情報」
「総務省地方公共団体の主要財政指標一覧」（２０１５年）

名古屋はヤバイ

著者 矢野新一

2017年3月25日 初版発行

矢野新一
◎やの しんいち
昭和24年東京都生まれ。1971年専修大学を卒業（経営学・コンピューター専攻）。卒業後、市場調査機関（株）マーケティングセンターに入社。その後、（株）ランチェスターシステムズに入社。同社の故・田岡信夫氏の右腕として、企業の戦略導入に東奔西走、豊富な実務経験を活かし、独自の販売戦略を開発。数多くの企業を短期間に地域ナンバーワンとする。その後、（株）ナンバーワン戦略研究所を設立。エリアマーケティングの第一人者で、かつ県民性研究の第一人者。「県民性博士」とも呼ばれている。県民性に関する著作は21冊に上る。

発行者 横内正昭
編集人 青柳有紀
発行所 株式会社ワニブックス
〒150-8482
東京都渋谷区恵比寿4-4-9えびす大黒ビル
電話 03-5449-2711（代表）
03-5449-2716（編集部）

装丁 橘田浩志（アティック）／小口翔平+喜來詩織（tobufune）
校正 玄冬書林
編集 小島一平／内田克弥（ワニブックス）

印刷所 凸版印刷株式会社
DTP 株式会社 三協美術
製本所 ナショナル製本

ISBN 978-4-8470-6585-9
ワニブックスHP http://www.wani.co.jp/
WANI BOOKOUT http://www.wanibookout.com/